DO MÉTODO AO MÉRITO

O QUE FAZEM OS PROFISSIONAIS QUE SE DESTACAM NO MERCADO DE TRABALHO

CARLOS ALEXANDRE DE PAULA

DO MÉTODO AO MÉRITO

O QUE FAZEM OS PROFISSIONAIS QUE SE DESTACAM NO MERCADO DE TRABALHO

UM GUIA DEFINITIVO PARA O ALCANCE DE RESULTADOS EXTRAORDINÁRIOS

ALTA BOOKS
EDITORA

Rio de Janeiro, 2022

Do Método ao Mérito

Copyright © 2022 da Starlin Alta Editora e Consultoria Eireli.
ISBN: 978-65-5520-458-2

Impresso no Brasil — 1ª Edição, 2022 — Edição revisada conforme o Acordo Ortográfico da Língua Portuguesa de 2009.

Todos os direitos estão reservados e protegidos por Lei. Nenhuma parte deste livro, sem autorização prévia por escrito da editora, poderá ser reproduzida ou transmitida. A violação dos Direitos Autorais é crime estabelecido na Lei nº 9.610/98 e com punição de acordo com o artigo 184 do Código Penal.

A editora não se responsabiliza pelo conteúdo da obra, formulada exclusivamente pelo(s) autor(es).

Marcas Registradas: Todos os termos mencionados e reconhecidos como Marca Registrada e/ou Comercial são de responsabilidade de seus proprietários. A editora informa não estar associada a nenhum produto e/ou fornecedor apresentado no livro.

Erratas e arquivos de apoio: No site da editora relatamos, com a devida correção, qualquer erro encontrado em nossos livros, bem como disponibilizamos arquivos de apoio se aplicáveis à obra em questão.

Acesse o site www.altabooks.com.br e procure pelo título do livro desejado para ter acesso às erratas, aos arquivos de apoio e/ou a outros conteúdos aplicáveis à obra.

Suporte Técnico: A obra é comercializada na forma em que está, sem direito a suporte técnico ou orientação pessoal/exclusiva ao leitor.

A editora não se responsabiliza pela manutenção, atualização e idioma dos sites referidos pelos autores nesta obra.

Dados Internacionais de Catalogação na Publicação (CIP) de acordo com ISBD

P324d   Paula, Carlos Alexandre de
          Do método ao mérito: o que fazem os profissionais que se destacam no mercado de trabalho / Carlos Alexandre de Paula. – Rio de Janeiro : Alta Books, 2022.
          192 p. ; 16m x 23cm.

          Inclui índice.
          ISBN: 978-65-5520-458-2

          1. Administração. 2. Mercado de trabalho. I. Título.

                                                              CDD 650.14
2022-1257   CDU 658.011.4

Elaborado por Vagner Rodolfo da Silva - CRB-8/9410

Índice para catálogo sistemático:
1. Administração : Mercado de trabalho 650.14
2. Administração : Mercado de trabalho 658.011.4

Produção Editorial
Editora Alta Books

Diretor Editorial
Anderson Vieira
anderson.vieira@altabooks.com.br

Editor
José Rugeri
j.rugeri@altabooks.com.br

Gerência Comercial
Claudio Lima
claudio@altabooks.com.br

Gerência Marketing
Andrea Guatiello
andrea@altabooks.com.br

Coordenação Comercial
Thiago Biaggi

Coordenação de Eventos
Viviane Paiva
comercial@altabooks.com.br

Coordenação ADM/Finc.
Solange Souza

Direitos Autorais
Raquel Porto
rights@altabooks.com.br

Assistente Editorial
Caroline David

Produtores Editoriais
Illysabelle Trajano
Maria de Lourdes Borges
Paulo Gomes
Thales Silva
Thiê Alves

Equipe Comercial
Adriana Baricelli
Daiana Costa
Fillipe Amorim
Heber Garcia
Kaique Luiz
Maira Conceição

Equipe Editorial
Beatriz de Assis
Betânia Santos
Brenda Rodrigues
Gabriela Paiva
Kelry Oliveira
Henrique Waldez
Marcelli Ferreira
Matheus Mello

Marketing Editorial
Jessica Nogueira
Livia Carvalho
Marcelo Santos
Pedro Guimarães
Thiago Brito

Atuaram na edição desta obra:

Revisão Gramatical
Joris Bianca
Aline Vieira

Diagramação
Catia Soderi

Capa
Rita Motta

Editora afiliada à: ASSOCIADO

Rua Viúva Cláudio, 291 – Bairro Industrial do Jacaré
CEP: 20.970-031 – Rio de Janeiro (RJ)
Tels.: (21) 3278-8069 / 3278-8419
www.altabooks.com.br — altabooks@altabooks.com.br
Ouvidoria: ouvidoria@altabooks.com.br

Sobre o Autor

Carlos Alexandre de Paula, escritor, empreendedor digital, bacharel em Administração de Empresas e professor EAD. Dedica seus livros e cursos ao desenvolvimento das habilidades humanas para uma vida mais plena e harmoniosa. Tem alunos em mais de 70 países ao redor do mundo.

"UM MUNDO MELHOR É FORMADO POR PESSOAS MELHORES E, PARA CRIAR ESTE MUNDO, CADA UM É RESPONSÁVEL POR SUA CONTÍNUA MELHORIA."

Acompanhe nas redes sociais:

https://www.instagram.com/carlos.alexandre.paula/

www.youtube.com/channel/UCWyeEYdLhJUENf4og9cJ24w?sub_confirmation=1

https://www.linkedin.com/in/escritor-carlos-de-paula/

DEDICATÓRIA

Dedico este livro a todos os buscadores da excelência. Cada ser humano que acredita que pode melhorar a si mesmo, cada um que almeja fazer o possível e contribuir, assim, na construção de um mundo mais próspero e melhor.

Agradecimentos do autor

Agradeço a todos os professores, formais e informais, que tive e continuo tendo na vida, e que me ensinam sobre a importância de buscar nosso melhor todos os dias.

Agradeço aos grandes artistas que me inspiram a criar uma obra que ultrapasse o limite do tempo. Seus feitos são um incentivo a toda a humanidade para construir algo belo e grandioso.

Agradeço aos grandes atletas, políticos e empresários que fazem um trabalho de excelência, ensinando que é possível fazer melhor e gerar um impacto positivo na vida dos outros.

Agradeço a minha mãe, Conceição, e minha esposa, Renata. Vocês são parte importante na construção desta obra.

Prefácio

Desde 1990, sou palestrante no Brasil. Tenho a felicidade e honra de trabalhar nas principais empresas nacionais e multinacionais de todo porte e segmento. Após 30 anos de trabalho como palestrante profissional e visto por mais de três milhões de pessoas ao vivo, posso dizer com convicção que algumas coisas não mudam, e uma delas é a busca das empresas pela melhoria contínua.

Vi muitas empresas ficarem pelo caminho, inclusive algumas empresas líderes de mercado perderem suas posições, algumas até nem existem mais. O fator em comum é que todas elas pararam de melhorar. Chegar ao topo, fazer sucesso não é fácil, mas digo que permanecer no topo é muito mais difícil. O único jeito de essas empresas se manterem no topo é melhorar sempre.

Uma empresa não é suas máquinas, seus prédios, seus insumos; uma empresa é as pessoas que trabalham nela. Assim, só é possível que uma empresa melhore quando as pessoas que trabalham nela melhoram também. Por isso a importância do trabalho de Carlos de Paula, que foca justamente na busca da excelência pessoal, da excelência profissional.

Há 30 anos os bons funcionários tinham espaço, digo até que nessa época alguns funcionários mais fracos tinham espaço. Os anos se

DO MÉTODO AO MÉRITO

passaram e ficaram só os bons. Nos dias de hoje temos funcionários muito bons, temos ótimos funcionários que estão sem trabalho.

Vivemos na era da excelência, não basta ser bom ou ótimo. Precisamos exceder as expectativas dos nossos clientes, exceder as expectativas dos nossos chefes, e, para isso, precisamos ser excelentes.

A excelência é uma busca. Costumo dizer que excelência é uma rodovia sem ponto de chegada. Você tem em mãos um guia para percorrer essa estrada e melhorar constantemente. Parabéns ao Carlos de Paula pelas palavras colocadas nos livros, parabéns pelas ideias trazidas para refletir e parabéns pelo tom de provocação que o livro traz. Incitando o leitor a ser cada vez melhor

Com certeza nas empresas em que você vai trabalhar — ou se pretende ser um empreendedor — a exigência número um será a excelência. Só podemos conseguir a excelência através da nossa melhoria contínua, e essa melhoria é alcançada através das ideias.

Há uma frase que me acompanha em muitas palestras: "As ideias não melhoram o mundo, as ideias melhoram as pessoas, e as pessoas melhoram o mundo." Neste livro você vai garimpar centenas de ideias que vão contribuir para que se torne um profissional ainda melhor.

Não esqueça que precisamos entregar os resultados; você precisa ter no seu sobrenome a palavra "soluções". Por isso, é fundamental buscar ideias para desenvolver sua excelência. Seguindo esse caminho, você passa a ser um profissional de alto desempenho. Todas as empresas buscam hoje um alto desempenho, e elas só conseguem através das atitudes de pessoas focadas em excelência.

Como foi dito certa vez: "Não existe nada tão bom que não possa ser melhorado." É só através das ideias, das boas leituras, que podemos chegar ao topo e nos mantermos lá. Tenho toda convicção de que Carlos, com sua filosofia, seus valores, seus princípios — como ser humano primeiro, e depois com seu talento — com suas habilidades e, principalmente, com sua vontade de servir pode contribuir muito na sua carreira profissional e também na sua vida pessoal para que seja um profissional querido e desejado pelas principais empresas do Brasil e do mundo.

PREFÁCIO

Deixo meus parabéns ao autor pelo trabalho e meus parabéns a você, leitor, que está com esta obra nas mãos e fez esta escolha. Pode ter certeza de que ao final destas páginas você, que já é muito bom, ficará ainda melhor. Comece sua leitura e não pare até alcançar o final, e você chegará muito melhor ao final destas páginas.

Desejo muito sucesso na vida pessoal e profissional de todos.

Alfredo Rocha

Sumário

1. O MAL DA MEDIOCRIDADE 23

    Medo do desconhecido   24
    Conforto e previsibilidade   25
    Medo de perder   25
    Cultura da mediocridade   26

    KOBE BRYANT   28

2. O QUE VOCÊ PERDE 33

    Legado   34
    Dinheiro   36
    Criar ao invés de ser criado   37

    ARNOLD SCHWARZENEGGER   39

3. OS TRÊS NÍVEIS DO PROFISSIONAL 43

    Nível 1 – Ignorância profissional   43
    Nível 2 – Profissional preparado   45
    Nível 3 — Excelência profissional   46

    ALBERT EINSTEIN   49

DO MÉTODO AO MÉRITO

4. COMPORTAMENTOS VIGARISTAS 53

Os vigaristas 55

Como lidar com comportamentos vigaristas 57

CHARLES DARWIN 61

5. ALINHAMENTO ENTRE EMOÇÃO E RAZÃO 67

JORGE PAULO LEMANN 72

6. MENTALIDADE CAMPEÃ 77

AYRTON SENNA 83

7. O MÉTODO ARTE 87

Primeiro passo do método ARTE: Ter um Alvo 89

Nível de satisfação 90

Definição do alvo 97

A indecisão para definição de alvos 99

LEONARDO DA VINCI 102

8. SEGUNDO PASSO DO MÉTODO ARTE: RESPONSABILIDADE 107

Autorresponsabilidade 110

TENZIN GYATSO, 14º DALAI LAMA 113

9. TERCEIRO PASSO DO MÉTODO ARTE: TRABALHO 117

Primeira etapa: mapear talentos, fraquezas, oportunidades e riscos 118

Segunda etapa: Traçar sua rota de ação 120

Terceira etapa: Realizar seu plano de ação 123

Indicador de metas pessoais 127

MADRE TERESA DE CALCUTÁ 131

SUMÁRIO

10. QUARTO PASSO DO MÉTODO ARTE: ESMERO 137

Ciclo de Aprendizagem 138
Prática deliberada 139
Feedback 141
Inspire-se e espelhe 143
O Ciclo de melhoria — PDCL 143

MICHELANGELO BUONARROTI 146

11. CARACTERÍSTICAS PARA VIVER O MÉTODO ARTE 151

Buscar a excelência 151
Pensar no longo prazo 153
Disposto a pagar o preço 154

WARREN BUFFETT 157

12. DEFINA A SUA HISTÓRIA...161

NELSON MANDELA 164

13. FAÇA JÁ..169

Medo do abandono 169
Medo de perder 171
Medo de enfrentar 172
Medo da morte 173

MOHANDAS GANDHI 175

BÔNUS LEITOR 179
FONTES 181
ÍNDICE 185

Introdução

Este livro trata de excelência. Durante a leitura, vou lhe apresentar conclusões de estudos que envolvem características emocionais e mentais das pessoas que construíram grandes resultados ao longo da vida. Também será apresentada a metodologia que desenvolvi ao longo destes estudos, que denominei como método ARTE. O método ARTE corresponde aos quatro passos para conquistar a excelência em qualquer área da vida. A metodologia aqui apresentada pode, e deve, ser usada para você ampliar seus resultados nas áreas em que sentir maior necessidade, seja nos relacionamentos, na vida profissional, na qualidade de vida ou na vida pessoal.

Ao longo o livro, optei, em alguns capítulos e passagens, por usar exemplos voltados para a carreira, lado profissional. Minha decisão de escolher focar em alguns momentos na área profissional com a metodologia ARTE não se faz pela restrição do método, que, como dito anteriormente, é uma ferramenta global e pode ser usada em qualquer área; escolhi focar na área profissional por ser o campo no qual grande parte dos seres humanos passa boa parte da vida.

Desde crianças somos cobrados pela escolha de uma profissão, estudamos para nos preparar para um vestibular, entramos em uma faculdade para aprender uma profissão e vamos passar oito horas por dia durante décadas de nossa vida no mercado de trabalho. Tendo grande parte da

DO MÉTODO AO MÉRITO

nossa vida envolvida profissionalmente, é necessário encontrar satisfação no que se faz.

A insatisfação profissional gera impactos negativos nas demais áreas da vida, como saúde, relacionamento e qualidade de vida. É claro que estar satisfeito com a sua carreira não garante sua satisfação nas demais áreas da vida, porém, estar insatisfeito profissionalmente e com baixa recompensa financeira no local onde você vai passar metade da sua existência não ajuda em nada no seu índice de qualidade de vida.

O método ARTE trata de excelência, trata de ampliar os resultados que você tem atingido até agora. Não é um método para quem quer ficar apegado às coisas que aconteceram no passado, nem para aqueles que encontram desculpas para fazer qualquer coisa no presente. É um método para toda pessoa que tenha vontade de fazer melhor. Não importa o que você já conquistou ou quais são seus recursos atuais, esteja você hoje em uma boa posição social e profissional, venha de um processo de falência, tenha capital aplicado ou recursos financeiros limitados.

Ao seguir o método ARTE, você terá como guia um sistema aplicado de forma consciente ou inconsciente ao longo da história humana por homens e mulheres de sucesso. A palavra ARTE, usada no método, é um acrônimo para os quatro passos apresentados durante o livro para se chegar à excelência.

Escolhi essa palavra por ser de fácil memorização, assim, sempre que alguém pensar em "como posso produzir um resultado melhor?", "como posso ser mais produtivo?", "como posso ser excelente no que faço?", basta memorizar uma única palavra: ARTE. Aplique o método ARTE para chegar a resultados extraordinários.

Isso não significa que a metodologia apresentada não exija esforço ou vai produzir resultados do dia para a noite. Nenhum grande resultado foi produzido no curtíssimo prazo, e não é esse tipo de proposta de que falaremos nesta obra.

Abordaremos de forma séria como homens e mulheres podem construir resultados relevantes durante a vida. Resultados como profissionais das mais diversas áreas construíram. Ninguém que chegou à excelência chegou por acaso, foram anos se dedicando com uma mentalidade e forma de trabalho corretas. É isso que estudaremos nesta obra.

INTRODUÇÃO

Vale esclarecer que, apesar de a metodologia se chamar ARTE, não significa que é uma metodologia restrita a artistas. A escolha pelo nome, como dito, é por uma questão de familiaridade com a palavra. É comum a maioria das pessoas conhecer a palavra "arte", sendo mais fácil memorizar um termo que já pertence ao nosso vocabulário. O método ARTE é voltado para todas as profissões e todas as pessoas que buscam a excelência, não é restrito a um único grupo de pessoas.

Ao longo deste livro, treze histórias passarão por estas páginas. Histórias de pessoas que conquistaram resultados de excelência. São pessoas das áreas de: ciências, política, religião, negócios, artes e esporte.

No comportamento dessas pessoas, podemos observar cada passo do método ARTE sendo utilizado. Incentivo você a reler essas histórias após a conclusão deste livro e observar detalhes que passaram despercebidos em uma primeira leitura.

O estudo e trabalho para se chegar à excelência é algo contínuo. Espero que as histórias selecionadas e trazidas aqui o inspirem e o motivem a continuar seu caminho. São muitos os exemplos que poderia trazer para esta obra, quem sabe a sua história não estará em uma futura edição?

Das muitas histórias que poderia trazer, as que escolhi foram por questões pessoais, como minha admiração por essas pessoas e suas obras, pela sua popularidade — grande parte dos leitores conhece seus nomes — e pela demonstração de um comportamento de excelência dentro do ensinado neste livro.

Seja no comportamento de ação ensinado conforme os quatro passos da metodologia ARTE, seja nas outras atitudes e mentalidades que serão abordadas ao longo da obra, desejo que, assim como essas pessoas, você possa deixar um legado de excelência para sua família, sua cidade, seu país e para o mundo.

CAPÍTULO 1

O mal da mediocridade

> "Não existem atalhos — tudo é repetição, repetição, repetição."
>
> ARNOLD SCHWARZENEGGER

Na vida, encontramos pontos de platô. O platô é aquele ponto em que, após um momento de crescimento acelerado, as coisas se estabilizam como estão. Imagine que você estava subindo a encosta de uma montanha, de repente, ao terminar a subida, se encontra em um grande platô, uma superfície plana e reta à sua frente. Você concluiu a subida e, quando olha para trás, observa tudo que superou para chegar até ali. Agora você se encontra em uma área segura, a subida lhe exigia esforço, atenção; qualquer erro e você podia cair de volta para o ponto de onde partiu. Depois de um longo tempo subindo, você percebe que finalmente encontrou uma área de descanso.

A subida que foi superada pode ter diversos nomes, depende de qual área da vida você está olhando e em que momento você está. Vamos pensar em algumas delas:

- **COMEÇO DO NAMORO:** É aquele momento da conquista, de querer estar ao lado da outra pessoa, se esforçar para isso. Ao final dessa subida, encontramos o platô do relacionamento.
- **FACULDADE:** Os oito ou dez semestres de faculdade podem ser a subida e, ao final, encontramos o platô do diploma.
- **PROMOÇÃO DE EMPREGO:** A subida pode ser a busca de um cargo melhor; e o platô, a conquista por essa vaga.

DO MÉTODO AO MÉRITO

A subida pode ter diversos nomes, e você, com certeza, pode enumerar algumas que já fez na vida. Mas, neste momento, não quero abordar as subidas, e, sim, o platô, pois é onde reside o perigo para aqueles que buscam a excelência.

Você estava na subida do começo do namoro e, depois que chegou lá, como continuou sua postura frente ao relacionamento? Você mantém a mesma atenção ao cônjuge depois que já está em um relacionamento sério? Ou com a chegada nesse platô você relaxa sua postura e deixa de dar atenção à pessoa amada?

Quantas vezes, após se formar, você leu um livro da sua área de graduação? Com quantos professores conversou? Alguns não esperam nem concluir a faculdade para criar um platô, param de se esforçar no meio do curso; assim que se acostumam com a metodologia de avaliação dos professores, procuram tirar a mínima nota possível para passar.

No trabalho, após conseguir um emprego ou alguma promoção de cargo, quanto de esforço você colocou para ampliar os resultados obtidos e gerar resultados extraordinários para a empresa que o contratou?

O platô é um lugar confortável, não exige mais esforço do que aquele que já colocamos em algum momento do passado, e por isso ele também é um lugar perigoso.

Podemos morrer em um platô que atingimos em algum momento da vida, podemos nos tornar velhos que ficam balbuciando conquistas feitas há trinta anos, enquanto que, independentemente da idade, sempre há algo novo a fazer e aprender. Por quais razões ficamos no platô alcançado em vez de continuar subindo em busca da excelência?

MEDO DO DESCONHECIDO

Subir exige coragem e, quando você está subindo, não vê o que está à sua frente, não conhece o que lhe espera no lugar aonde quer chegar e, nesse momento, você cria emoções positivas e negativas sobre sua próxima conquista. Quando finalmente chega ao platô, que é o resultado que você esperava ao subir, vê como as coisas são. Tudo que você imaginou está na sua frente agora. Sair desse lugar para viver novamente a experiência da subida sem saber o que vai encontrar pela frente, viver as emoções de medo e dúvida pela jornada, faz com que muitos se apeguem ao local onde estão, no platô das velhas conquistas.

CONFORTO E PREVISIBILIDADE

Tem um ditado popular que diz: "Quero que o mundo acabe em barranco para morrer encostado." O ser humano tem a tendência de buscar a zona de conforto, gastar menos energia possível para realizar uma tarefa.

Compramos a ideia do conforto como se ela fosse a solução para tudo, por isso, até vemos crescer o número de pessoas que tiram proveito desse pensamento para vender "fórmulas para ganhar dinheiro sem trabalhar". Como diz outro ditado: "O que o levou até aqui não é o mesmo que vai levá-lo adiante", o platô pode até parecer confortável, afinal, não exige o esforço da subida, mas exige um esforço ainda maior, que é aceitar que você pode fazer mais e melhor, porém, não faz porque prefere ficar onde está, acumulando poeira física e mental.

MEDO DE PERDER

Ter chegado ao platô é uma vitória, e deve ser comemorada como tal. A questão é que muita gente, ao conquistar uma vitória, em vez de retirar os aprendizados que a possibilitaram, passam a temer a perda do que conseguiram, permanecendo no mesmo lugar. Esse medo de perder pode ser decorrente de crenças ou experiências negativas próprias ou de terceiros.

Alguns podem já ter ouvido a história de pessoas que chegaram a determinado ponto e depois perderam tudo. Outros, por ter um alto valor de segurança, têm aversão ao risco e preferem não arriscar o que conseguiram. Também existem aqueles que conquistaram um platô e, ao tentar o próximo movimento, acabaram perdendo o ponto já conquistado.

Ninguém vive a mesma situação que o outro; se alguém tentou algo e não funcionou, essa foi uma experiência individual. Se eu vejo um colega empreender e dar errado, não significa que também dará errado para mim; o contrário também é correto, não significa que, ao ver um colega buscando um empreendimento novo e obtendo êxito, que também terei sucesso.

Pessoas tomam decisões diferentes frente às mesmas situações, por isso é preciso buscar o autoconhecimento, encontrar os padrões emocionais que façam você tomar determinadas decisões, buscar informações sobre a situação futura a ser vivenciada, para conseguir decidir melhor e, sempre que possível, ter um mentor que já tenha passado pelo caminho que você está prestes a seguir.

Buscando informação e transformando isso em conhecimento, você estará mais preparado para enfrentar os riscos e sair vitorioso de seus desafios futuros. E se em algum momento do passado você tiver perdido um patamar já conquistado, ou isso acontecer em algum momento no futuro, não se dê por vencido. O primeiro de tudo que você deve recordar é que já percorreu o caminho antes para chegar àquele platô; quando fizer pela segunda vez, será mais fácil. Quando chegar lá de novo, analise quais foram as causas que levaram a falhas no seu último plano.

Quando chegamos a um platô, temos que caminhar reto por ele por um tempo até encontrar nossa próxima escalada. Partir de forma ansiosa, sem preparo, correr atrás de um novo obstáculo pode se mostrar uma armadilha. Primeiro garanta que você se afastou do último precipício, e então procure outra montanha para subir. Afaste-se da beirada. Assim, mesmo que você caia do seu próximo desafio, vai manter o que já conquistou. Mas lembre-se: o mais importante é manter o ânimo para subir quantas vezes forem necessárias.

CULTURA DA MEDIOCRIDADE

Acredito que este seja o pior mal que sofremos atualmente contra uma cultura da excelência. A mediocridade está sendo tratada com certa normalidade nos dias atuais. Esse pensamento é tão comum em alguns círculos que, quando alguém almeja fazer algo melhor, realizar um trabalho de excelência, independentemente da área em que esteja, essa pessoa recebe críticas de seus pares.

O medíocre sempre vai dizer que algo não é possível, mesmo quando há exemplos que provam o contrário, ao afirmar que "as coisas são assim mesmo", "isso sempre foi assim", "ninguém nunca fez isso antes", "para que se preocupar com isso?", "esse trabalho não cabe a você".

Com essas afirmações, o medíocre se protege. Protege sua própria mediocridade, pois, enquanto ninguém faz, o medíocre continua acreditando que não é possível fazer e que seu modo de pensar é válido. Essa postura serve para ocultar a falta de vontade de realizar algo diferente. Assim, a crítica de um medíocre não deve afetar aqueles que buscam melhorar sempre, que procuram a excelência em seus resultados. É melhor tentar e errar do que não tentar.

Porém, a mediocridade está espalhada em vários cantos, tornando difícil a sua identificação. Ela, infelizmente, está se tornando um modo de vida, o que torna este livro ainda mais urgente para os dias atuais. A mediocridade está espalhada pelos produtos que compramos, pelos serviços que consumimos e pelos comportamentos que temos diariamente.

Sobre a qualidade dos produtos, não é preciso ir muito longe: se me voltar para uma geração que nasceu antes de mim e perguntar qual era a qualidade dos produtos comprados naquela época, eles dirão: "Duravam 30 anos." Eram geladeiras, televisores, máquinas de costura, todos feitos para durar. Hoje empurram para nós produtos com obsolescência programada, feitos para durar pouco e, assim, voltarmos a comprar um novo daqui a um, dois ou três anos.

No ramo de serviços, a mediocridade também se espalha: é mau atendimento ao cliente, são técnicos que nunca resolvem problemas. Não é diferente quando falamos das políticas públicas: segurança, educação e saúde são serviços dos quais recebemos o mínimo possível, como se fosse normal entregar o pior como se fosse o melhor.

Não devemos excluir desse comparativo nosso comportamento com os demais; se antes agendávamos visitas às casas das pessoas, telefonávamos, agora nós nos restringimos a um contato via aplicativo de celular; por vezes, não nos damos nem ao trabalho de escrever algo que seja nosso, apenas repassamos algo escrito por alguém.

Essa é a mediocridade espalhada em nossos gestos diários. Contra ela, é necessário gerar urgentemente uma cultura de excelência, que busque uma forma de fazer melhor o que já existe.

DO MÉTODO AO MÉRITO

KOBE BRYANT

Kobe Bryant é listado como um dos mais importantes jogadores de basquete da história. Junto ao lendário Michael Jordan, Kobe disputa a posição de maior jogador. Não vamos tratar aqui de apontar qual atleta foi melhor, pois não detenho nem o conhecimento necessário para fazer tal análise, e não é essa a finalidade desta obra.

Bryant está nestas páginas para extrairmos um pouco de sua postura e mentalidade de vida. Repetir os hábitos adotados pela sociedade é muito mais fácil e simples. Fazer o que todo mundo está fazendo, se expor no mesmo nível em que os demais estão se expondo.

Às vezes, queremos mesmo ser invisíveis. Mas, para ajudar o mundo e as pessoas, ser invisível não basta. É preciso ter gana, vontade inquebrantável de querer ser melhor a cada dia. Acordar com disposição para realizar o trabalho duro necessário para se chegar aos resultados esperados.

Quando ouço o início da trajetória de Kobe no basquete, me recordo do filme *À Procura da Felicidade* (*The Pursuit of Happyness*). Chris Gardner — interpretado por Will Smith — joga basquete com seu filho. Em determinado momento, ele fala para o menino "você vai ser bom em muitas coisas, mas não em basquete. Eu não quero que você fique arremessando essa bola o dia todo".

O pai de Kobe, Joe Bryant, foi jogador profissional e técnico de basquete. Quando o jovem Kobe, aos 11 anos, chega chateado em casa por não marcar um único ponto

28

O MAL DA MEDIOCRIDADE

durante os jogos de verão que havia participado, seu pai responde: "Você pode pontuar zero ou 60, eu vou te amar de qualquer jeito."

Nas palavras de Kobe, isso lhe trouxe toda a segurança de que ele, como criança, precisava. Nesse momento ele decidiu que "vou fazer 60 pontos". Muitas vezes temos desempenhos ruins em algumas áreas da vida; muitas vezes criamos expectativas demais quando começamos algo; muitas vezes nossas ações não são do tamanho das nossas expectativas.

Kobe começou a treinar, treinar e treinar todos os dias. No ano seguinte, ele marcou alguns pontos. Isso mesmo, alguns pontos. Ele treinou todos os dias e saiu do nível de péssimo jogador para um jogador que conseguiu fazer algo em quadra. Porém esse Kobe ainda estava muito distante de se tornar o jogador que o mundo conheceu.

Kobe tinha uma ideia fixa, um desejo forte de se tornar o número um no mundo do basquete. Não queria apenas marcar pontos no jogo, não queria apenas que o basquete fosse uma atividade de verão com os colegas da escola. Ele queria ser melhor que os demais, ele queria estar acima da média.

Quando falamos em média, de onde se originou a palavra medíocre, a associamos a um conceito matemático. Média é o resultado da soma de todos os valores dividido pela quantidade dos valores somados.

Assim, quando falamos que a nota média de uma classe de alunos é 6, significa que somadas as notas de todos os alunos e dividido o resultado pelo número de alunos, chega-se ao número 6. No meio de toda a amostragem, existem alunos que tiraram acima de 6 e outros que tiraram menos de 6.

Aos 11 anos, Kobe estava bem abaixo da média de pontos do time — ele sequer conseguiu pontuar. Mas percebeu que a matemática estava a seu favor para ele construir melhores resultados. Ele percebeu que crianças jogam basquete em

DO MÉTODO AO MÉRITO

média duas vezes na semana e, se ele treinasse todo dia, fosse acima da média, seus resultados aumentariam com o tempo.

E foi assim, treinando todos os dias, focando nos fundamentos do jogo que, antes dos 14 anos, Kobe Bryant era considerado o melhor jogador do estado. Em apenas dois anos, ele saiu do zero para ser visto como o melhor jogador.

Essa filosofia de treinamento, foco e trabalho duro, Kobe levou por toda a vida. Nas palavras dele: "Se você melhorar todos os dias, o que terá em 20 anos?" O processo de excelência não é algo que acontece da noite para o dia, é algo a ser perseguido a cada dia de nossa vida.

Imagine um objetivo que você quer alcançar. Pense que você está caminhando por uma estrada que o leva a esse objetivo. Nessa estrada, você não está sozinho; mais pessoas caminham com você.

Essas pessoas não são suas concorrentes, são companheiras de viagem. Elas também querem chegar ao objetivo, e cada uma caminha em uma velocidade pela estrada. Kobe entendeu que ele podia impor a si um ritmo de caminhada mais forte, um ritmo que o colocaria à frente dos demais.

Quando perguntado para o Kobe em uma entrevista por que ele acordava às 4h00 da manhã, podemos observar o pensamento fora da média e como isso direciona as suas ações. Ele respondeu ao entrevistador que, começando a treinar mais cedo, ele conseguia fazer um treino a mais que os outros jogadores e, ao longo do tempo, isso daria a ele uma vantagem tão grande, que não importava o tipo de treino que fizessem, ele teria acumulado anos à sua frente.

É um princípio simples e eficaz: a mentalidade de excelência. A mentalidade que foge de fazer o mesmo que todo mundo está fazendo, uma mentalidade que busca ser melhor sempre, que busca a superação, não a superação

O MAL DA MEDIOCRIDADE

sobre outros, mas a superação de si mesmo.

Jay Williams, durante uma entrevista, compartilhou um aprendizado que teve com a forma de Kobe se comportar, algo que o ensinou que precisava fazer mais. Jay fala que, antes de um jogo contra o Lakers, equipe de Kobe, ele chegou adiantado para treinar. Ao chegar à quadra, se deparou com o Kobe, que já estava lá.

Após uma hora e meia na quadra, Jay entrou para treinar. Seu treino durou mais uma hora e meia e, durante todo esse período, Bryant continuava na quadra treinando. Jay terminou o treino e ficou assistindo Kobe praticar. O final do treino levaria mais 25 minutos.

Durante o jogo, Kobe marcou 40 pontos contra o time de Jay. Ao final da partida, ele foi perguntar ao colega: "Por que você ficou treinando por tanto tempo?" Kobe respondeu: "Porque eu vi você chegando e quero que saiba que, não importa o quão duro você trabalhe, que eu estou disposto

a trabalhar mais duro que você. Não se ofenda, não estou dizendo que não gosto de você como pessoa, você simplesmente me inspira a ser melhor."

Em cada ponto da nossa jornada, encontramos médias diferentes, mas sempre vamos nos deparar com comportamentos de média. O nível de desempenho no basquete dos alunos de 11 anos não era o mesmo dos alunos do ensino médio, que também não é o mesmo que o dos jogadores da NBA, a liga profissional de basquete estadunidense.

O jogo profissional da principal liga de basquete do mundo é muitas vezes mais difícil que o nível de jogo do ensino médio. Se Kobe se conformasse em treinar como treinam os profissionais, a jogar como jogam os profissionais, ainda assim ele teria um desempenho acima da média de grande parte dos jogadores de basquete do mundo.

Apesar da exigência por desempenho ser muito maior

DO MÉTODO AO MÉRITO

na NBA que em sua juventude, Kobe continuou a se desafiar. Ele não se conformou com a média que os jogadores profissionais jogam, ele buscou sua perfeição.

"Nunca será perfeito, o desafio é deixar da forma mais perfeita que pode ser."

KOBE BRYANT ∎

CAPÍTULO 2

O que você perde

> "Quem nunca errou nunca experimentou nada novo."
>
> ALBERT EINSTEIN

Se a mediocridade nos dias atuais se prolifera como mosquitos no verão, por que simplesmente não se render a essa forma de vida em vez de buscar melhorar os resultados obtidos? Tratamos no capítulo anterior de algumas razões pelas quais escolhemos ficar onde estamos em vez de continuar a subida em busca de novos desafios: medo do desconhecido, zona de conforto, medo de perder e a cultura da mediocridade, que transmite cada vez mais os valores mais baixos e resultados piores nas mais diversas áreas.

Vamos tratar neste capítulo daquilo que você abre mão ao aceitar uma postura como essa, quando começa a pensar e agir dentro da cultura da mediocridade, como se tudo fosse normal, comum e não houvesse outra forma de fazer, de melhorar os resultados, de procurar novas saídas para os velhos problemas, quando o medo de mudar sufoca sua vontade de vencer.

LEGADO

A História é feita pelos homens e mulheres que passaram por este planeta. Em 2020, quando escrevo estas palavras, somos aproximadamente 7,7 bilhões de seres humanos. Dividimos o mesmo planeta e os mesmos problemas. Nunca algo afeta de forma individual um único ser humano. Qualquer problema, por menor que possa parecer, ao atingir um único homem, também vai afetar todo o círculo de influência que essa pessoa tem: amigos, familiares, conhecidos.

Em nossas relações, passamos constantemente por um processo de influenciar e ser influenciado, das pequenas às grandes decisões, dos impactos positivos aos negativos que causamos no mundo e nas pessoas que podemos influenciar. A superpopulação mundial também gerou problemas globais, problemas que afetam a todos nós e que, dessa forma, cabe a todos nós uma busca pela solução.

Mesmo cabendo a cada ser humano escrever a História, de quantos nomes nos recordamos ao olhar para ela? Se você fizer agora uma visita rápida pela sua vasta memória, de quantos nomes de personagens históricos consegue se lembrar? Mesmo que pesquise em livros de História, enciclopédias ou no Google pelo nome de pessoas que influenciaram em suas áreas de trabalho, ainda assim, o resultado dessa pesquisa será bem inferior ao número de profissionais que trabalharam debruçados diariamente nesses temas.

Muitos na história buscaram construir uma máquina que pudesse voar, mas o nome que recordamos pelo resultado é de Santos Dumont. Muitos se debruçam sobre um tema de trabalho, mas, em meio às dificuldades apresentadas, não conseguem sair do platô em que se encontram, enquanto outros buscam ir um pouco além do que seus antecessores, buscando soluções nunca antes feitas.

Quando se olha para a história, o mais importante não é o nome gravado nas linhas, e sim as descobertas e criações desses homens. Descobertas nas áreas médicas permitiram que milhões de vidas fossem salvas, melhorias na área de gestão diminuem os desperdícios ao longo dos anos, o avanço nas áreas do conhecimento retirou a Europa da Idade Média em um período conhecido como Renascimento.

O QUE VOCÊ PERDE

Assim como cresceu a população do planeta, cresceram os problemas enfrentados: crise energética, crise de alimentos, crise de água potável. Neste cenário em que cresce o número de pessoas e de problemas, necessitamos urgentemente de homens e mulheres dispostos a encontrar soluções para os problemas que temos e para os que virão a existir.

Precisamos de pessoas que deixem o nome na História através de soluções criativas, úteis e sustentáveis.

Aqueles que viverem a cultura da mediocridade não construirão um legado para a humanidade. Para fazer a diferença, é necessário se importar, buscar ser melhor, aceitar os desafios e riscos que podem porventura surgir, e a recompensa desses homens e mulheres que ousam fazer um pouco a mais é serem parte da História.

O tamanho do legado deixado releva um pouco do ser humano que por ali passou. Alguns deixarão rastros que logo serão apagados pelas areias do tempo, outros deixarão suas pegadas cravadas na pedra, onde o passar dos anos não as apaga. Se você trabalhar verdadeiramente em busca da excelência, de atingir um estado de arte em tudo que faz, tem a capacidade de construir esse legado. Você pode deixar um legado para sua família, para os funcionários da empresa em que trabalha, para sua cidade, seu país ou para o mundo.

O tamanho do legado a ser construído, quem vai determinar é você e o esforço que empenhar na sua construção. Não há outro meio para se construir algo que não seja através do trabalho. Se você tem alguma crença negativa em relação ao trabalho, está na hora de rever isso. É possível que você tenha alguma insatisfação no seu emprego atual, mas ele foi uma escolha sua em algum momento da sua vida, então, repense sua escolha e mude se achar necessário.

Ter uma postura de sofrimento frente a uma tarefa que precisa ser realizada não vai ajudá-lo em nada na construção do seu legado. Cabe a você escolher onde quer deixar sua herança: engenharia, administração, política, saúde, educação, religião, arte, esportes etc. São as mais diversas áreas que precisam de gente boa, porque um bom profissional em qualquer área serve de exemplo para os demais se motivarem. Além disso, seu legado não precisa estar relacionado com sua atual profissão; você pode escolher deixar um legado ao colaborar para o crescimento de organizações não

DO MÉTODO AO MÉRITO

governamentais através de um trabalho voluntário, seja na profissão ou fora dela. Se você construir fora dos padrões de excelência, essa construção estará fadada a desaparecer em pouco tempo.

DINHEIRO

Qual é a média salarial das pessoas que têm a mesma formação que você? Qual é a média salarial de quem ocupa o mesmo cargo que você? Qual é a média de rendimentos das pessoas que trabalham na mesma área que a sua em uma empresa do mesmo porte? Já parou para reparar como usamos a média como comparação para todas as coisas? Algumas coisas ficam abaixo e outras acima, mas a média é nosso ponto de comparação para fazer um primeiro julgamento sobre um serviço ou produto.

Você sai com a ideia de comprar um computador novo em mente. Vai comparar em algumas lojas o produto, comparar as marcas, verificar na internet os preços e tomar uma decisão sobre qual comprar. Durante uma pesquisa de preços, você vai se deparar com produtos de características semelhantes, para não dizer as mesmas, porém com preços diferentes.

Isso representa o que em marketing chama-se preço vs. valor. O preço de um produto é composto por todos os custos que o envolvem, desde a fabricação, logística, comissões, mais o lucro para quem produziu. O valor de um produto já é mais complicado de estimar, pois não é dado por quem o produz, é atribuído por quem compra. O fabricante pode atribuir um preço para um produto, enquanto o cliente atribui outro valor para o mesmo produto.

O fabricante da marca X de celulares resolve produzir um aparelho comum de celular, como os aparelhos mais antigos, que servem apenas para fazer e receber chamadas. Somando todos os custos envolvidos, mais o lucro, ele constata que pode vender seu aparelho pela metade do preço do aparelho mais barato no mercado. Assim, ele coloca o aparelho no mercado na expectativa de bater o seu concorrente, a marca Y, que vende o smartphone mais barato do mercado. Passados meses após o lançamento do seu celular, a marca X percebe que não vendeu quase nada, e seu concorrente continua vendendo o aparelho mais barato do mercado.

O QUE VOCÊ PERDE

Mesmo a marca X lançando o produto mais barato do mercado, aquele telefone comum não era concorrente do smartphone da marca Y; o cliente não atribui mais valor para possuir um telefone celular comum. E, se o cliente não atribui valor ao produto, mesmo que o preço seja baixo, ele não vai estar disposto a pagar o preço. Comparamos o preço médio de produtos iguais, e atribuímos valor diferente para produtos semelhantes. Basta observar como as grifes cobram caro por suas etiquetas; elas agregaram valor à marca, o cliente enxerga valor e se disponibiliza a pagar o preço mais alto.

Com profissionais acontece a mesma coisa, pois vendemos nosso conhecimento e capacidade de realização para o mercado de trabalho. As empresas remuneram com base em um salário médio aplicado ao mercado. Esse salário é calculado pelo cargo, pela região do país, pela experiência do candidato e pela oferta de mão de obra no mercado de trabalho.

O profissional de destaque não recebe conforme a média dos demais candidatos, ele cobra a mais pelo serviço, assim como uma grife cobra mais pelo seu produto. O profissional excelente gera valor ao cliente, e, quando este enxerga valor, ele se dispõe a pagar mais. Como um profissional excelente gera valor? Gera valor o profissional que resolve problemas, não apenas executa tarefas; gera valor o profissional que está conectado com a missão, visão e valores da empresa; gera valor o profissional que constrói um legado dentro da corporação, não apenas repete o que já existe. Se você quiser, em algum momento, ganhar mais, aprenda a gerar valor às pessoas. Quando você agrega valor ao outro, o outro estará disposto a pagar a você por isso.

CRIAR AO INVÉS DE SER CRIADO

Quanto às coisas que nos acontecem, podemos listar dois tipos distintos de pessoas: as que são vítimas das circunstâncias e as que manejam as circunstâncias. O senso comum encara os fatos que acontecem como obstáculos para sua realização, normalmente assumem um comportamento reativo: algo acontece e reagem ao que lhe aconteceu; são pessoas que são arrastadas pelos ventos do destino.

DO MÉTODO AO MÉRITO

Responder dessa forma aos desafios o fará ir de um ponto ao outro, mas talvez você passe toda uma vida sem chegar ao destino planejado. Alterar todo seu plano, suas metas, devido a algum imprevisto no caminho, desistir logo no início, deixar o barco ser levado em vez de ajustar a vela na direção correta, não é uma postura dos que buscam melhorar seus resultados. Ao abandonar a postura reativa para uma postura proativa, você passa de ator (atriz) para autor(a).

Você não segue a corrente dos acontecimentos, não desiste dos seus planos, estuda as circunstâncias e prevê se o caminho para aonde elas estão o levando é onde você quer estar; você faz os ajustes necessários para chegar ao seu destino, busca alternativas para entregar os resultados de que precisa. Ator ou autor da própria vida respondem de formas diferentes à pergunta "como você chegou até aqui?".

Aqueles que passaram a vida sendo levados pelas circunstâncias, mudando o caminho frente aos menores obstáculos, vivendo uma vida ditada por alguém, respondem que não sabem bem como chegaram aonde estão, citam alguns fatos que julgam como importantes para colocá-los onde estão, mas esses fatos normalmente vieram pelas circunstâncias da vida, foram fatores externos que direcionaram o caminho.

Já aqueles que são criadores veem o filme da vida passar em frente aos seus olhos, identificam as decisões que tomaram, seus acertos e erros, sabem das dificuldades pelas quais passaram e como as circunstâncias se abateram sobre eles, reconhecem que poderiam ter seguido outro caminho em meio às turbulências, mas decidiram pelo caminho que trilham agora e só chegaram aonde estão porque se comprometeram com esse caminho.

ARNOLD SCHWARZENEGGER

Um garoto austríaco de nome difícil de ser pronunciado e ainda mais difícil de ser escrito. As três características que falamos neste capítulo, podemos observar em sua jornada. Ele deixou um legado, não em uma, e sim em três áreas. Teve um dos maiores salários entre os profissionais da sua área, construindo um patrimônio estimado de US$400 milhões e conseguiu criar a vida que imaginou para si.

A capacidade de vislumbrar o futuro e então construí-lo como imaginado é uma das lições que temos que aprender com Schwarzenegger. Quando jovem, na escola, viu pela primeira vez imagens de Nova York. A grandiosidade das construções eram o oposto da pequena cidade em que morava, na Áustria.

Foi naquele momento que ele decidiu que viveria nos EUA.

Essa foi a primeira visão e decisão que Arnold teve. Ele já sabia o que queria, só precisava descobrir como fazer para conquistar seu objetivo. A clareza da visão é muito importante — talvez o maior problema seja não saber exatamente o que se quer e, assim, nunca é possível construir um plano eficaz que possa o levar até o objetivo.

A falta de clareza faz com que nossos desejos e nossa mente fiquem oscilando entre "hoje eu quero isso", "amanhã eu quero aquilo" e, nessa indecisão, vamos deixando incompletas as coisas que começamos.
Sem a constância nas ações, como vimos no comportamento de Kobe

DO MÉTODO AO MÉRITO

Bryant, é muito mais difícil se chegar aos resultados.

Essa definição clara de Arnold se refere ao primeiro passo do nosso método: ter um alvo, e só a partir desse ponto que conseguimos construir o resto das atitudes necessárias para a conquista dos nossos objetivos.

Foi ainda na juventude que aquele que seria conhecido como o "exterminador do futuro" descobriu o caminho para chegar aos EUA. Passando em frente a uma banca de revistas, ele viu uma capa com Reg Park, então Mister Universo e ator de Hércules. O fisiculturismo era muito valorizado nos EUA, e ele teve para si que, se conseguisse o título de Mr. Universo, conseguiria ir para a América.

Com seu objetivo em mente e a definição do "como", ele começou a estudar os treinos de Reg Park. Em uma entrevista futura, Arnold falaria sobre seu compromisso total com todos os objetivos que traçou: ser fisiculturista, ator e governador da Califórnia. Sua mentalidade é de "fazer

o que for necessário, quantas vezes forem necessárias, até conseguir".

Aos 15 anos, Arnold começou a praticar seus treinos de musculação, e, com 20, se o tornou o mais jovem campeão do Mr. Universo. Sua carreira no fisiculturismo continuou e as portas começaram a se abrir. Seu objetivo agora era se tornar o maior fisiculturista do mundo, e, para isso, ele teria que conquistar o Mister Olympia.

Uma diferença que podemos observar em pessoas que constroem um resultado significativo na vida, se aproximam da excelência em sua área de atuação, daquelas pessoas que preferem manter os resultados dentro da média, sem se arriscar, é a forma como cada uma delas lida com seus fracassos.

Gosto de dizer que o fracasso não existe. Se você continua tentando fazer algo dar certo, você não fracassou, está trilhando o caminho. Se você tentou todas as formas possíveis de fazer algo, buscou

O QUE VOCÊ PERDE

conhecimento em livros, com mentores, buscou a tecnologia necessária para conseguir e percebeu que aquele resultado não era viável, então, não foi um fracasso; você fez uma descoberta de que aquela iniciativa não é possível de ser realizada naquelas condições.

A persistência constrói mais o caminho do sucesso do que as habilidades.

A maioria não enxerga o fracasso dessa forma. Somos educados para enxergar o fracasso como algo negativo e vergonhoso, então, preferimos não fazer algo a fazer e fracassar. É natural ter medo do fracasso, uma tentativa malsucedida normalmente significa algum tipo de perda, seja financeira ou de tempo. Mas cada tentativa também significa aprendizado se bem aproveitada, um aprendizado que ensina como obter melhores resultados.

Schwarzenegger diz sobre a importância de ter fé na sua visão. Acreditar no seu objetivo, saber que vai dar certo. Nas palavras dele: "A dúvida destrói tudo." A

dúvida faz com que não nos dediquemos 100% ao nosso objetivo e, com meia dedicação, vêm resultados medíocres.

Começamos algo acreditando que não vai dar certo, então, colocamos nosso foco e energia em pensar no "plano B", em vez de nos dedicarmos ao nosso objetivo. Essa hipótese de que o plano A não vai dar certo acaba sendo comprovada, porque, ao não se dedicar a achar alternativas para fazer dar certo, construímos o fracasso do plano, ao invés do sucesso do plano.

Responda sinceramente: você dedicaria 100% dos seus esforços a algo que não acredita que vai dar certo? Agora reflita comigo: ao não se dedicar 100% às coisas que você faz, qual a probabilidade de elas não darem certo?

E dedicar 100% não quer dizer que você deve fazer uma única coisa na vida. O equilíbrio é essencial para conquistar bons resultados. Dedicar 100% é fazer tudo que precisa ser feito

DO MÉTODO AO MÉRITO

para construir
aquele resultado.

Quando Arnold foi para os
EUA, ele treinava em média
cinco horas por dia para
construir e manter o físico e se
tornar campeão; também fazia
faculdade de economia, atuava
no ramo de construção civil e
imóveis — foi nessa área que
conseguiu seu primeiro milhão
— e fazia aulas de atuação
no período da noite para
conseguir uma vaga como ator.

Nesse momento, ele já tinha
destaque na carreira como
fisiculturista e buscava uma
transição para a carreira
de ator. Não dominava o
inglês e não tinha condições
financeiras estáveis. Mesmo
assim, ele se dedicou 100%
ao plano e fez o que era
necessário.

Ao perceber que a maioria
dos atletas das academias
não tinha dinheiro, tratou de
conseguir renda na construção
para, assim, poder se dedicar
no futuro apenas à carreira
de ator. Aproveitou seus
resultados no fisiculturismo

para ganhar fama mundial.
Uma frase que ele cita de Ted
Turner: "Trabalhe como um
louco e anuncie."

Foi focado 100% nas coisas
que fazia e falando para o
mundo sobre seu trabalho que
Schwarzenegger conseguiu
ganhar destaque em várias
áreas. Mas todo esse destaque
não veio sem fracassos. Ele
não conquistou todos os Mr.
Universo ou Mr. Olympia
que disputou, nem todos seus
filmes foram sucessos e sofreu
rejeição durante sua carreira
como governador.

Sua lição sobre falhas e
fracasso é: "Não existe
ninguém que não falha.
Você vai cair e tem que se
levantar quantas vezes forem
necessárias, você não pode
continuar no chão." O medo o
trava; com medo de errar, você
não vai conseguir fazer
o trabalho duro necessário
para chegar à excelência.
"Relaxa, sem medo de errar e
vai com tudo."

ARNOLD SCHWARZENEGGER ■

CAPÍTULO 3

Os três níveis do profissional

> "Conseguimos realizar nossos propósitos economizando os minutos."
>
> CHARLES DARWIN

NÍVEL 1 – IGNORÂNCIA PROFISSIONAL

Quando começamos uma carreira, independentemente da área de interesse, vamos passar por três níveis de conhecimento. O primeiro desses níveis é a ignorância. A ignorância sobre determinado assunto pode se apresentar de duas formas: "eu sei que não sei" ou "eu não sei o que não sei". O segundo tipo é muito mais perigoso e letal para os profissionais.

Reconhecer a própria ignorância sobre determinado assunto é o ponto de partida para se melhorar, encontrar caminhos e soluções e ir em busca daquilo que almeja. O Nível 1 acontece quando decidimos seguir determinada carreira, mas não temos informação e formação sobre essa profissão. A formação é maior do que a informação sobre determinada carreira. Formação é a preparação da pessoa para exercer uma profissão, que pode ser acadêmica ou não, mas ela é o primeiro passo para tirar a pessoa do nível da ignorância sobre o assunto. Tomemos como exemplo um jovem que queira se tornar médico. Primeiro de tudo, é necessário que ele admi-

DO MÉTODO AO MÉRITO

ta não saber como um médico atua, isto é, reconhecer a ignorância, saber que não sabe é o passo para se desenvolver.

Depois de admitir que não é capaz, naquele momento, para exercer medicina, ele precisa procurar os meios para adquirir sua formação, mesmo que ele se informe através da internet, com outros profissionais da área ou em livros, é necessário, para se exercer a medicina, de uma formação prática que acontece pelas vias acadêmicas. Mesmo que a vaga que você almeja ocupar na altura não exija nenhum certificado ou diploma, haverá uma formação prévia para prepará-lo para exercer a função.

Suponha que você está entrando no mercado de trabalho, ainda não começou um curso superior, portanto, não pode se candidatar a um estágio. Você pode começar trabalhando em *home office* com seus conhecimentos, abrir um pequeno negócio ou iniciar por uma vaga que não exige experiência. Para esclarecer melhor o exemplo, vamos supor que você optou por iniciar em uma vaga que não pede experiência.

Pesquisando por vagas, você encontrou a oportunidade para trabalhar no caixa de um mercado. A vaga não exige experiência anterior na função, pois fornece treinamento. Nos primeiros dias de trabalho, você será instruído e acompanhado por um profissional com mais experiência que vai ensiná-lo a executar sua função. Essa será sua formação sobre esse tema.

A formação transforma o profissional ignorante em alguém com conhecimento para desempenhar os primeiros passos na nova carreira. Por isso, é importante admitir o que não sabe. Sem admitir que não conhece algo sobre o novo desafio, o profissional não vai receber a formação necessária para combater a ignorância que tem sobre o tema.

Achar que sabe algo ou não admitir aquilo que desconhece é um limitante para o desenvolvimento profissional. Todo mundo precisa de formações específicas para cada fase da carreira, e essas formações podem vir através de professores, outros profissionais da área ou vivência própria. Ser autodidata também tem seu preço; se você decidiu percorrer um caminho nunca feito antes, talvez não lhe haja outra opção que aprender com seus próprios erros e acertos, mas a grande maioria das vezes percorremos caminhos já trilhados antes.

Buscar informação, ajuda e formação de outros profissionais que já fizeram esse mesmo caminho é um potencial acelerador para nossa formação. É possível um profissional ganhar anos de velocidade em direção à sua meta quando ele segue indicações de quem já chegou lá. Imagine ter que percorrer o caminho sem nenhum mapa. Quantas vezes você pode errar a rota? Conheça suas limitações em meio a tudo que sabe sobre a carreira que vai escolher, busque a formação adequada no mercado para prepará-lo para o próximo passo. Esse é apenas o primeiro nível, você tem que apenas buscar caminhar um pouco em direção ao Nível 2, não tem que estar pronto para todos os desafios nessa hora.

NÍVEL 2 – PROFISSIONAL PREPARADO

Você conseguiu passar do Nível 1 — isso é uma vitória quando se trata de viver na carreira profissional dos seus sonhos —, agora se encontra no passo intermediário entre a ignorância e a excelência; é aqui que a maioria dos profissionais fica. A grande maioria pensa que, para exercer uma carreira, basta um diploma; que, após ter uma formação básica em alguma área, já está pronto para atuar e segue com esse pensamento e forma de conduzir sua carreira por toda a vida. Quando o profissional se encontra na ignorância, o grande inimigo é não admitir que precisa de formação adequada para evoluir na carreira.

Para o profissional formado, o inimigo é achar que sua formação já basta, que aprendeu tudo que poderia aprender, seja na faculdade, no curso profissionalizante ou com profissionais mais experientes.

Existem, no mercado de trabalho, profissionais que se orgulham de estampar que têm "mais de 20 anos de experiência". Mas o que realmente define a experiência profissional? Se você começar a trabalhar hoje em determinada área, a falta de experiência anterior vai fazer com que os problemas que surgirem pela frente sejam sempre novidades. Você logo vai perceber que a sua formação anterior não o preparou para lidar com todas as dificuldades encontradas no dia a dia, logo, como bom profissional que procura ser, vai atrás de soluções para os problemas que até então desconhecia.

Durante os primeiros meses, você vai se deparar com "novos" problemas. Situações cuja existência você desconhecia, mesmo após ter passado por uma formação para atuar naquela área. Conviver com situações ou

DO MÉTODO AO MÉRITO

problemas novos é natural para todo profissional e, por isso, pessoas são contratadas porque resolvem problemas, enquanto máquinas apenas são capazes de repetir uma programação.

Porém, após um tempo na função, os problemas já não são mais novos; vamos nos acostumando com a rotina e aprendendo a lidar com as situações adversas e, nesse ponto, podemos estagnar na busca de desenvolvimento. É possível passar por longos anos dentro de uma carreira sem nenhuma experiência realmente nova, apenas repetindo todas as velhas experiências. Por isso, temos que refletir sobre qual é o tempo que temos trabalhando em determinada área. Passamos 10 ou 20 anos repetindo as mesmas funções ou nos desafiamos a encontrar soluções novas? Resolvemos da mesma forma os velhos problemas ou buscamos uma saída para que eles não voltem a se repetir?

O Nível 2 é um platô na carreira de muitos profissionais; é onde o profissional olha em volta e vê muita gente ao seu lado fazendo a mesma coisa. Vê profissionais que chegaram aonde se encontram sem terem feito faculdade, vê profissionais que estão ali com mais estudo do que ele, vê profissionais com pouca idade e pouca experiência, vê também profissionais com mais idade e mais tempo de carreira, todos parados no mesmo platô, fazendo as mesmas coisas.

Nesse momento, ele se contenta com o platô, ali onde há mais gente. "Tem gente lá embaixo querendo subir e chegar onde estou", pensa, para se convencer de que já chegou ao ápice da carreira. É nesse momento que o profissional começa a se entreter com tudo que tem à sua volta, perde a vontade de continuar subindo, pois envelheceu e perdeu o ritmo para voltar a estudar ou coloca as desculpas na falta de tempo. Os pretextos para ficar parado são sempre mais fáceis de achar do que a disciplina necessária para chegar ao Nível 3. Não se deixe enganar pelos pretextos.

NÍVEL 3 – EXCELÊNCIA PROFISSIONAL

Após buscarmos uma formação para nos qualificarmos profissionalmente e entender que apenas um diploma ou uma vaga de emprego, não garantem a empregabilidade e nem trazem a excelência, começamos a busca pela primazia: fazer o melhor que temos dia a dia. Como disse Aristóteles: "Nós somos o que fazemos repetidamente. A excelência, portanto, não é um ato, mas um hábito."

A EXCELÊNCIA É UM PROCESSO DE APRENDIZADO CONTÍNUO, UM STATUS CONQUISTADO E RECONHECIDO PELO MÉRITO DOS BONS TRABALHOS PRESTADOS E RESULTADOS OBTIDOS.

É possível chegar à excelência em determinada área, mas ter muito a desenvolver em outra. Trataremos, ao longo deste livro, das formas de pensar, sentir e agir que, quando direcionadas corretamente, servirão na construção de hábitos de excelência.

Quando falarmos em hábitos de excelência, não compare com os hábitos mecânicos que desenvolvemos ao longo da vida — estes devem ser sempre revistos, abandonados e melhorados quando não nos servirem mais. O profissional que se encontra no Nível 2 cria hábitos durante sua jornada, por exemplo: o que faz durante o horário de almoço; com quais pessoas se reúne para conversar; como atende os clientes e fornecedores internos e externos; como divide as atividades durante a jornada de trabalho; como procura ocupar o tempo livre quando está com baixa demanda; como lida com situações inesperadas; como são suas reações emocionais frente aos problemas.

Uma ação torna-se um hábito quando é repetida continuamente, e a repetição contínua das ações leva ao automatismo; é quando o ser humano começa a responder como uma máquina, sem refletir sobre qual é a melhor resposta para uma situação, apenas executa o que precisa fazer. Podemos dizer que todo hábito — mesmo os negativos — foi útil em algum momento, por isso se instalou; mas continuar repetindo hábitos ruins não vai produzir resultados melhores; são necessários hábitos novos e superiores para a construção contínua da excelência.

O que podemos considerar como hábitos ruins que deverão ser reavaliados durante a jornada pela excelência? Durante a vida, criamos diversos

DO MÉTODO AO MÉRITO

hábitos que englobam a forma como nos relacionamos com as pessoas, como cuidamos da saúde, como gerenciamos nosso dinheiro e também como nos comportamos em situações no trabalho que envolvem a maneira como nos relacionamos com chefes, subordinados, clientes e fornecedores.

Vamos supor que, em algum momento da carreira, o funcionário João, que nunca teve nenhum problema com sua chefia, estivesse em uma roda de conversa em que vários funcionários, alguns do mesmo setor que ele, reclamavam da gerência da empresa. João não encontrava razões para reclamar, porém, como não queria se sentir excluído da conversa, juntou-se aos demais para reclamar da gerência.

Falar mal, denegrir e fofocar não é ético. Sempre que temos alguma questão com outra pessoa, deveríamos buscar uma forma de resolver a situação em conjunto. João, além de tomar a decisão errada naquele momento, deixou que isso se tornasse um hábito e passou a reunir com frequência com pessoas que só fazem reclamar. Sem uma revisão em seu hábito, João pode arrastar por toda a vida essa forma negativa de se comportar. Essa tendência em reclamar das situações e das pessoas é típica de quem fica estagnado no platô da vida.

Para crescer, é necessário tomar consciência dessas atitudes e substituí--las por outras melhores. João poderia, por exemplo, em vez de reclamar da gerência, conversar e tentar descobrir um pouco sobre o caminho que traçaram para chegar lá, assim ele teria aprendido algo novo. Mesmo que sua pretensão não seja a gerência, conhecer como as pessoas venceram obstáculos é uma lição que pode ser aplicada em muitas áreas da vida.

Hábito ruim é gastar o tempo com coisa inútil, é ficar resolvendo problemas de última hora e nunca ter tempo para planejar o que é importante no longo prazo; hábito ruim é toda aquela ação feita de forma automática, sem saber por que se faz; e hábito ruim é todo comportamento que vai contra os princípios da ética.

Para chegar e permanecer na sala da excelência, será necessário o desenvolvimento de bons hábitos, que incluem: disciplina diária para fazer o que se propõe, organização, leituras interessantes, boas conversas, conhecer e trocar experiências com pessoas que estão no mesmo caminho que o seu, estudo direcionado. Duas coisas não ocupam o mesmo lugar no espaço. Se os bons hábitos lhe faltam, é porque os maus hábitos estão instalados. Troque o mau hábito pelo hábito bom e produtivo.

ALBERT EINSTEIN

Profissionais de excelência têm uma capacidade única: transpor as barreiras de sua área de atuação e serem conhecidos pelo grande público. Albert Einstein, possivelmente, é o melhor exemplo disso.

Apesar de poucas pessoas conhecerem a fundo seu trabalho, e de os temas abordados serem complexos para a maioria da população — o que é natural, pois mesmo para os físicos contemporâneos a Einstein suas teorias eram complexas —, seu rosto e seu nome são conhecidos não apenas por profissionais da sua área, mas seu rosto cruzou fronteiras de países, idiomas, campos de atuação e o tempo.

Muitas vezes cultivamos a ideia de que gênios nascem prontos, são seres humanos com habilidades e capacidades acima da média e por isso conquistam resultados extraordinários na vida. Acreditar nisso pode ser extremamente perigoso para a nossa evolução pessoal e profissional; acreditar que gênios nascem prontos vai nos impedir de chegar ao *Nível 3 de Excelência Profissional*.

Não vou dizer que algumas características genéticas não possam ajudar nas escolhas profissionais, e até no resultado que alguém obtém na vida. Kobe Bryant tinha 1,98 metro de altura. Essa estatura ajuda na carreira profissional de um jogador de basquete, não é o limitante, mas favorece na competição em quadra.

A genética pode contribuir, mas não é suficiente para levar alguém à excelência. Muito jogadores de basquete

DO MÉTODO AO MÉRITO

da NBA (liga profissional estadunidense) têm acima de dois metros, e nem por isso apresentaram resultados como de Bryant. A genética também não impediu que Earl Boykins com 1,65 metro ficasse de fora da NBA.

Se um gênio não nasce pronto, então, ele se forma o com o passar dos anos. Essa construção de resultado engloba suas aptidões genéticas para algumas tarefas com estudo e trabalho concentrados na melhoria das habilidades que já tem.

Einstein foi uma dessas crianças em cujo potencial os professores não acreditaram. Se nascesse nos dias de hoje, seria diagnosticado com dislexia, mas, no final do século XIX e início do XX, a sua dificuldade de comunicação não era vista dessa forma.

Einstein começou a falar depois dos três anos de idade e, mais velho, apresentava dificuldades para ler, escrever e interpretar textos, o que tornou sua carreira estudantil difícil, sendo malvisto por muitos professores durante toda a sua vida acadêmica.

Essa dificuldade de interpretar textos e idiomas, somada a uma metodologia de ensino que prioriza o "decoreba" em vez da criatividade, fez Einstein largar o ensino médio em Munique e acompanhar os pais, que estavam morando na Itália a trabalho.

Foi na Itália que Einstein decidiu seguir os passos na física e, para isso, prestou vestibular para a Escola Politécnica de Zurique, mesmo sem o diploma de ensino médio. Mas como a história nos conta sobre sua genialidade, podemos concluir que o físico passou na prova, correto?

Na verdade, não foi bem assim. Albert foi reprovado — os fracassos passam pela vida de todos que chegam à excelência. Pelos bons resultados em física, o diretor do colégio recomendou que Einstein terminasse o ensino médio na Suíça, e depois voltasse ao colégio para prestar novo vestibular.

OS TRÊS NÍVEIS DO PROFISSIONAL

E, assim, Einstein conseguiu entrar para o curso de Matemática e Física, mas as aulas não o instigavam e os professores foram perdendo a simpatia por ele. Mas não faltava às aulas para ficar no ócio. Durante sua ausência, lia livros de física e ia para os laboratórios acompanhar os experimentos. Estava 100% focado na física, e foi nessas escapadas que Einstein conheceu sua primeira esposa.

Einstein se formou aos 21 anos, e o que esperar de um gênio recém-formado? Um ótimo emprego, bom salário, destaque profissional? Nada disso aconteceu. Na universidade em que se formou, ninguém o queria como professor, provavelmente por sua postura perante as aulas.

Outras universidades também não o aceitaram. Conseguiu dar aulas como substituto no ensino médio. Desempregado, conseguiu, com a ajuda de um amigo, um cargo de funcionário público. No departamento de patentes, Einstein conferia inscrições de inventores suíços, um trabalho simples e que não exigia de suas capacidades matemáticas.

Trabalhar por muito tempo em uma atividade que não é aquela para a qual se estudou, em uma atividade que não traz desafios, tende a criar um estado de tédio e desmotivação na maioria dos profissionais. Na verdade, a insatisfação profissional atinge 40% das pessoas atualmente, de acordo com dados da RH Robert Half.

Imagine se formar em física, depois do esforço para se interessar por aulas que não aguçavam sua imaginação, vencer a dislexia para trabalhar com aquilo que se ama, e seguir carreira em uma área diferente da sua.

Isso não foi suficiente para afastar Einstein de seu interesse pela física. Ele continuou lendo, pesquisando e estudando. Em 1905, cinco anos após ter se graduado em física, ele publicou quatro artigos importantes, um que viria a lhe dar um Prêmio Nobel e outro que era os estudos iniciais sobre a teoria

DO MÉTODO AO MÉRITO

que ganharia o mundo anos mais tarde.

O ano de 1905 ficou conhecido posteriormente como o "ano milagroso". O ano em que seus quatro artigos foram publicados. Eram escritos revolucionários para a ciência. Mas quem era Einstein para a ciência? Até 1905, ele era um jovem de 26 anos que trabalhava em um escritório de patentes em Berna, na Suíça.

Aquele que se tornaria um dos professores mais desejados pelas universidades não conseguia ser aceito como professor até então. O cientista que viajaria o mundo e cujas descobertas mudariam a ciência não tinha nenhuma influência acadêmica naquele momento.

E nada mudou na sua vida de imediato. Seu sonho de lecionar física só concretizou-se em 1908, quando começou a trabalhar como professor-assistente, e, em 1909, tornou-se professor de física teórica; só então

deixou o cargo de servidor público que ocupava no departamento de patentes.

Daquele ano em diante, a vida de Albert Einstein começaria a mudar. O impacto de suas ideias já não dava mais para ser escondido. Em 1915, publicou o estudo sobre a Relatividade Geral. A teoria de espaço-tempo mudava a compreensão que se tinha do Universo, mostrando que Isaac Newton estava errado em relação à teoria gravitacional.

Durante sua vida, Albert Einstein publicou mais de 300 artigos científicos e 150 ensaios. Após conquistar o destaque profissional, ele não se acomodou com a situação conquistada, continuou trabalhando duro até o final da sua vida; contribuindo com a comunidade científica e com a sociedade humana através de suas descobertas. "No meio da dificuldade, encontra-se a oportunidade."

ALBERT EINSTEIN ■

CAPÍTULO 4

Comportamentos vigaristas

> "Apesar do medo,
> termine o trabalho."
>
> KOBE BRYANT

Pensamos sobre sermos melhores, falamos sobre sermos melhores, sonhamos em sermos melhores, desejamos ser melhores. A busca pela excelência, pelo menos em algum momento, fez parte de nossas vidas. Aspirar melhoria, expandir resultados — e, quando digo isso, não trato apenas sobre a profissão ou finanças —, aspiramos sermos melhores como seres humanos. Uma mãe e um pai esperam ser melhores na educação dos filhos, estarem preparados para educar com o necessário, nem mais, nem menos, o justo meio para formar um adulto responsável. Um professor espera ser bom para os alunos que estão sob sua tutoria. Não nos levantamos da cama diariamente pensando "hoje serei um ser humano pior". A humanidade é feita em grande parte de pessoas boas e que querem ser melhores; a questão é que grande parte dessas pessoas boas está desistindo de si mesma e dos demais.

Existem pessoas boas que desistem porque algumas de suas iniciativas não deram certo ao longo da vida. Outros reclamam da falta de apoio e por isso não seguem em frente. Há aqueles que não acham um caminho por onde começar a jornada. E, assim, pessoas boas vão ficando paradas no platô da vida, estáticas, passivas frente aos mo-

DO MÉTODO AO MÉRITO

vimentos do futuro. Por diversas razões, uma iniciativa pode não dar certo. Caminhar para a excelência é descobrir o que dá certo em meio ao que não dá certo; é separar o joio do trigo.

A GRANDE MAIORIA SE OCUPA EM ACHAR CULPADOS QUANDO ALGO NÃO DEU CERTO, E QUEM SE OCUPA EM ACHAR CULPADOS NÃO SE OCUPA EM ACHAR SOLUÇÕES. OCUPE-SE EM ACHAR SOLUÇÕES PARA PRODUZIR RESULTADOS NOVOS.

Ocupar-se em achar culpados pelo mau resultado também esconde o maior inimigo que temos na busca pela excelência: nosso comportamento vigarista. Comportamento vigarista é todo aquele que temos para nos mantermos onde estamos, mesmo quando queremos sair desse lugar. Existe uma conhecida frase que circula pela internet: "Insanidade é fazer a mesma coisa repetidamente e esperar resultados diferentes", de autoria desconhecida. Essa frase é erroneamente atribuída a Einstein, mas, para nosso estudo, mais importante do que seu autor, é entender como ela se aplica em nosso dia a dia.

O que nos impede de chegar à excelência em uma área na vida? Vamos listar alguns fatores:

- ☒ Não definir em que buscamos a excelência.
- ☒ Não nos responsabilizarmos pelos resultados.
- ☒ Não agir.
- ☒ Não buscar a melhoria contínua.

Esses quatro impedimentos acima serão tratados à frente no método ARTE, que traz o caminho das pedras para encontrar a excelência. Porém, mesmo com o método em mãos, é possível que ele não seja aplicado. Se você tem algo e não usa, isso não faz diferença na sua vida. O autoengano é que continuamos ano após ano nos comportan-

COMPORTAMENTOS VIGARISTAS

do da mesma maneira, de forma que não estamos satisfeitos com nossas atitudes, porém, não trocamos efetivamente de comportamentos, queremos novos resultados com comportamentos antigos. Por que é tão difícil substituir os comportamentos antigos?

OS VIGARISTAS

Cada construção exige uma destruição. Temos essa ideia internalizada, mas normalmente ela habita nosso subconsciente e por isso não nos damos conta das decisões que são tomadas que são contrárias aos nossos objetivos futuros, à melhoria e ao encontro da excelência. É uma parte interna que tem o medo de perder o conforto conquistado, sabotando as conquistas futuras.

Vamos colocar luz nessa região de decisões do subconsciente e ver mais de perto nosso comportamento vigarista. Pode parecer estranho em uma primeira leitura dizer comportamento vigarista. Uma pessoa vigarista é aquela que é trapaceira, tira proveito de outra para obter vantagens próprias. Conforme formos explanando esse assunto, minha escolha por essa palavra ficará mais clara. Você vai perceber quantas vezes teve um comportamento que serviu apenas para trapacear a si mesmo, você se deixou enganar por uma atitude que não produz frutos futuros, e tudo isso para tirar algum proveito no presente.

Você decidiu que seria reconhecido pela excelência como engenheiro de processos dentro da empresa em que trabalha, produziria resultados novos, reduziria os desperdícios. Após um primeiro estudo, mapeia que existem alguns problemas para os quais ninguém encontrou uma saída. Então, levanta os recursos necessários para conseguir resolver aquela situação.

Chega à conclusão de que o próximo passo em direção à excelência profissional é optar por um curso de especialização. Nesse curso, além de estudar e desenvolver um projeto específico na sua área, você também vai se manter em contato com professores e profissionais da mesma área para trocar experiências e se apoiar no crescimento da sua carreira. No primeiro momento, você sente a alegria tomar conta;

DO MÉTODO AO MÉRITO

visualiza seu "eu futuro" trazendo soluções novas; enxerga como sua colaboração vai ajudar os demais funcionários; vê o reconhecimento pelos seus resultados chegando através de recompensas financeiras.

Esse é o momento em que você sente a motivação aumentar, decide que é isso mesmo que precisa ser feito, se vê satisfeito com essa decisão. Depois da decisão mental e emocional, vem a hora de concretizar os planos. Nessa hora, você percebe que o curso de especialização adequado para sua situação só oferece aulas presenciais aos sábados, e você vai para a praia todo fim de semana. O curso tem a duração de um ano e meio, e, durante esse tempo, você se dá conta de que vai ter que mudar o comportamento de viajar para a praia devido ao curso de especialização.

Você ainda tem a alegria interior dos avanços que o curso pode lhe oferecer, mas agora passa a ter também um momento de dúvida se o curso é o mais adequado para você e procura pensar em outras alternativas para alcançar os resultados. O problema nesse momento não é pensar em outras alternativas para resolver uma situação, a questão do comportamento vigarista é que você já encontrou a resposta, porém, quer descartá-la para não ter que mudar um hábito que lhe gera conforto, prazer e segurança.

Com a motivação em alta, com a clareza de que esse é o caminho a seguir, você finalmente se inscreve no curso. Passado o primeiro mês, você se alimenta das alegrias que os novos aprendizados lhe trouxeram, enquanto, em algum canto da mente, sente o cheiro da praia. No segundo mês, a saudade da praia aumenta, enquanto o curso já não parece ser mais uma novidade. No terceiro mês, você falta um sábado e resolve ir à praia. Durante todo o terceiro mês, vai argumentando consigo mesmo que precisa economizar, e o curso está sendo uma despesa; que você pode continuá-lo depois, até finalmente encontrar várias desculpas para sabotar seu plano. Passam-se anos e você não retorna mais ao curso. Ainda sonha em fazer a diferença na sua área de atuação, mas o único lugar para o qual você se movimenta é a praia aos fins de semana.

A situação hipotética aqui retratada não vai contra a importância e necessidade de lazer, ela foi retratada para ilustrar um "comportamento vigarista". Ele diz respeito a estar acostumado a fazer algo de

COMPORTAMENTOS VIGARISTAS

um jeito e, cada vez que tentamos mudar e fazer algo novo que afete um hábito já estabelecido, o vigarista entra em ação com estratégias e desculpas para não mudar.

Muitas vezes, nem começamos a fazer algo diferente; outras, mudamos e desistimos no meio do caminho para voltar a ter os velhos comportamentos. O comportamento vigarista é uma resposta contra alguma perda que você não quer aceitar.

Conhece alguém que fala que vai começar a treinar na academia e não o faz, ou então se inscreve e não frequenta? É outro exemplo do comportamento vigarista. Para iniciar um treino na academia, temos que mudar algum comportamento já estabelecido. A pergunta é: o que você faz no horário da academia? Talvez a pessoa assista à televisão, navegue na internet ou fique dormindo até mais tarde.

A questão é que, seja uma coisa ou outra, esse comportamento já está internalizado e não quer ser substituído pela academia, por isso vai lutar contra para continuar a existir. Podemos trocar o exemplo da academia pelas aulas de idiomas, cursos profissionalizantes, experiências de networking. O comportamento vigarista não quer ser trocado, principalmente quando é uma situação de longo prazo, o ato gera prazer e segurança, por isso estamos habituados a ele e aceitamos suas imposições.

COMO LIDAR COM COMPORTAMENTOS VIGARISTAS

Temos que aprender a identificar e lidar com esse tipo de comportamento para não sermos vítimas das mesmas decisões erradas durante a vida. Autoconhecimento é a chave para passarmos vitoriosos pelas situações. Para identificar alguns vigaristas, podemos listar quais são os comportamentos em que estamos viciados, atitudes que estão bloqueando nosso desenvolvimento.

Esse hábito pode ser o de dormir até mais tarde em situações que você sabe que deveria estar se dedicando a outras atividades, fazer uma maratona de séries no fim de semana em que tem que estudar, etc. Decidir pelo que é o mais fácil em vez de decidir pelo que é ne-

DO MÉTODO AO MÉRITO

cessário no momento é ter um comportamento vigarista. Como esse comportamento vem atrelado à sensação de perda, mesmo que inconsciente, estabelecer prioridades na vida é fundamental para conseguir lidar com ele.

Não quer frequentar a academia para não perder o programa de televisão? Recorde-se do que vai lhe trazer maiores ganhos no futuro. Ficar em frente ao aparelho de TV, celular ou computador por puro entretenimento pode até parecer prazeroso momentaneamente, mas, no longo prazo, quais serão os benefícios que você vai colher com esse comportamento?

Lidar com os vigaristas é estabelecer prioridades na vida. Pare de se enganar e cair na conversa desses sentimentos que o sabotam. Conheça claramente quais são seus objetivos e assuma o compromisso de conquistá-los, em vez de continuar repetindo dia a dia os mesmos comportamentos que não trazem resultados.

Revele a si mesmo qual é o comportamento vigarista que atualmente está bloqueando seu crescimento, pegue um pedaço de papel e responda às questões:

1. O QUE GANHO QUANDO MANTENHO ESSE COMPORTAMENTO?

O comportamento instalado pode ter sido gerado em algum momento de nossas vidas para servir como uma solução para uma situação que enfrentamos no passado ou por alguma tendência que temos e não queremos mudar — reforçando que normalmente está atrelado a questões como conforto e segurança. Faça uma lista de tudo que você ganha se mantiver esse comportamento, às vezes você ganha conforto, segurança em saber como são as coisas; às vezes você pode repetir um comportamento para ganhar aprovação dos demais, porque mudar gera conflito.

2. O QUE PERCO SE MUDAR ESSE COMPORTAMENTO?

Liste quais coisas vai ser necessário dar menos atenção se abandonar esse comportamento. O que esse comportamento lhe traz que é mais importante para você? Existe alguma pessoa envolvida que, ao deixar de ter esse comportamento, você pode afetar?

Pense na excelência do seu "eu futuro", pense nas coisas que pode fazer e conquistar, os resultados e metas que gostaria de alcançar e responda:

3. O QUE EU GANHO SE CONQUISTAR A EXCELÊNCIA?

Pense nos ganhos materiais e imateriais que atingir um novo grau de performance, desenvolvimento e resultados pode trazer para sua vida. Pense nas pessoas beneficiadas pelos seus resultados, como pode ajudá-las

4. O QUE VOCÊ PERDE SE CONTINUAR COMO ESTÁ HOJE? SE ABANDONAR A BUSCA PELA EXCELÊNCIA?

Pense em tudo que você vai deixar de fazer ao não se comprometer em melhorar seus resultados. Quais pessoas podem ser impactadas? Qual legado você poderia deixar e não vai fazê-lo? Financeiramente, você pode ser afetado no futuro?

As duas últimas questões lidam com os fatores que podem motivá-lo a buscar excelência: o que você ganha o motiva a seguir em frente, e o que você perde se continuar na mesma também serve como um incentivador para implementar mudanças, antes que as perdas o afetem. Ninguém fica parado. Ou você muda por escolha ou por pressão externa.

As duas primeiras questões tratam da forma de atuação dos comportamentos vigaristas. O que ganhamos mantendo esse comportamento é uma das razões para não querer mudar. A outra razão é a creditar que existem perdas vindas depois da mudança. As perdas podem ser de tempo para lazer, para o descanso ou para estar com outras pessoas.

Para não achar que a mudança em busca da excelência traz perdas na sua vida, procure encontrar soluções para minimizá-las. Se, por exemplo, você listou que, para se especializar na sua área atualmente, precisa estudar um tema específico aproximadamente cinco horas por semana e com isso tem menos tempo para ficar com seu filho, busque uma solução para essa questão. Será que você não pode substituir a quantidade de tempo que fica com ele pela qualidade do tempo? Há casos em que pensamos que ficamos menos tempo com algumas pes-

DO MÉTODO AO MÉRITO

soas ao começar uma atividade, mas, quando estamos juntos, apenas encaramos aparelho de televisão. A quantidade de tempo que dedicamos a uma atividade não está relacionada à qualidade do tempo que dedicamos a ela.

CHARLES DARWIN

Todo ser humano passa por dificuldades ao longo da vida. Como somos diferentes, não podemos dizer que a dificuldade que uma pessoa enfrentou seja maior ou menor que a enfrentada pela outra.

Enfrentamos dificuldades nos relacionamentos; passamos por problemas em relação à escolha e ao exercício de nossa profissão; passamos por problemas familiares; enfrentamos questões de saúde, tanto a nossa quanto das pessoas que amamos; enfrentamos dificuldades financeiras.

Apesar de cada ser humano ser único e a dificuldade que enfrenta se apresentar daquela forma apenas para si, ainda assim podemos classificar essas dificuldades em algumas áreas: relacionamento, saúde, finanças e por aí vai.

Os problemas não escolhem o desempenho das pessoas, quer você escolha viver com resultados iguais ao da média ou aceite o desafio de buscar resultados de excelência, vai ter que conviver com eles em diversas áreas da sua vida.

Às vezes, o comportamento vigarista faz com que não aceitemos alguns desafios, acreditando que vamos atrair mais dificuldades e problemas se mudarmos nossa postura para uma busca pela excelência. Na realidade, os problemas e desafios vão existir, quer mudemos nosso comportamento, quer não. E até podemos gerar alguns problemas novos exatamente por nos recusarmos a viver as coisas em que acreditamos, por não levarmos ao mundo nosso potencial de criação e desempenho.

DO MÉTODO AO MÉRITO

Charles Darwin possivelmente é o cientista que mais sofreu contestações sobre seu trabalho — apesar de amplamente aceito no mundo acadêmico e científico — de ter demonstrado de diversas formas que a Teoria da Evolução acontece, de seus estudos terem mais de 160 anos e até agora se manterem válidos, ainda assim, muitos se levantam para criticar seu trabalho.

Se vemos esse enfrentamento de suas ideias hoje com todo o avanço tecnológico e da ciência, imagina como deve ter sido propor que as espécies não foram colocadas no mundo por obra divina, mas estão em constante processo de evolução ao longo de milhões de anos.

Charles Darwin não foi alguém que teve dificuldades financeiras durante a vida. Seja pelo dinheiro do seu pai, um médico importante, seja pelo dinheiro da família da sua esposa, também de boas posses financeiras. O dinheiro da família, apesar de possibilitar sua viagem ao redor do mundo no estudo que veio a servir para suas descobertas, não o livrou de problemas nas demais áreas da vida.

Vamos falar um pouco do jovem Darwin. Aos oito anos, Charles fica órfão de mãe. Ele provavelmente reprimiu os sentimentos que tinha em relação a ela, pois não tinha lembranças na sua vida adulta.

Sua falta de interesse pela escola fez com que muitos achassem que ele não fosse muito inteligente. Robert Darwin, preocupado com o futuro do filho, o enviou para estudar medicina na Universidade de Edimburgo, considerado o melhor curso de medicina da época.

A forma grosseira como as cirurgias aconteciam, com os pacientes amarrados e amordaçados, chocaram Darwin, que abandonou os estudos práticos. Nessa época, Charles tinha dezesseis anos e, temendo a fúria do pai, ficou por mais um ano em Edimburgo antes de voltar para casa e contar sobre

COMPORTAMENTOS VIGARISTAS

sua desistência do curso de medicina.

O pai esperava que Charles seguisse uma profissão reconhecida e respeitada pelos demais. Robert, então, propôs que seu filho entrasse para o sacerdócio, uma profissão que lhe traria bom salário, uma boa casa e tempo livre para andar pela natureza. E assim Darwin foi para Cambridge para iniciar seus estudos.

Todas as experiências que vivemos podem ser aproveitadas na construção da excelência. Algo que aprendemos só é desperdiçado se formos negligentes com o conhecimento e com as oportunidades que os caminhos diversos da vida nos trazem.

Apesar de Charles não seguir a medicina, ele aprendeu taxidermia em Edimburgo — essa técnica de preservação de animais mortos o ajudaria posteriormente em sua viagem e coleta de vários espécimes.

Em Cambridge, ele conheceu o homem que viria a se tornar seu tutor: Henslow.

Graças a ele, Charles tomou conhecimento da viagem pelo HMS Beagle, que o levou a fazer suas descobertas e ser reconhecido no estudo das ciências naturais.

A fragata Beagle partiu da Inglaterra para uma viagem de cinco anos com o jovem naturalista Darwin. Durante a passagem do navio em Salvador, Charles pôde ver formações de conchas em um morro da cidade, o que o fez concluir que o mundo estava em constante mudanças, que os terrenos que vemos hoje nem sempre foram iguais.

Em contato com aborígenes na Terra do Fogo, ele pôde entender que nem todos os seres humanos têm os mesmos hábitos ou vivem na mesma situação. Essa civilização não usava roupas, dormia no chão e seus indivíduos eram muito contrários aos costumes que o cientista conhecia na Inglaterra. Para ele, isso era um sinal de que todas as espécies tinham um parentesco em comum.

No arquipélago de Galápagos, ele encontrou os pássaros

DO MÉTODO AO MÉRITO

tentilhões e percebeu que o bico desses animais era diferente de uma ilha para a outra. Esse era o sinal de que os animais se desenvolviam conforme suas necessidades de sobrevivência.

Quando retornou à Inglaterra, Darwin tinha o reconhecimento da comunidade científica pelo trabalho que havia feito durante a expedição no Beagle. Ele havia descoberto mais de 1.500 animais e enviado mais de 4.000 amostras para a Inglaterra.

Mas o trabalho que tornaria seu nome conhecido mundialmente só viria a público mais de 20 anos após essa expedição. Darwin temia o impacto que ele causaria na sociedade como um todo e também em sua esposa, uma cristã fervorosa.

Ele sabia que publicar *A Origem das Espécies* e afirmar que os animais evoluíram e se adaptaram ao longo dos anos era bater de frente com o pensamento religioso da época, que dizia que Deus havia criado as espécies

como as conhecemos e a ideia de transmutação, como era conhecida a evolução, não era aceita. Mais do que isso, Charles sugeria em seu manuscrito que todos os animais tiveram, em algum momento, um ancestral comum, inclusive o homem.

Publicar isso era desafiar a origem do homem proposta pela Igreja Católica e responsabilizar essa origem à natureza. Darwin sabia da importância de divulgar sua descoberta, mas temia o impacto que isso causaria em sua vida e na sua família.

Escondendo seu trabalho pelos 20 anos seguintes, Charles Darwin começou a apresentar diversos problemas de saúde — o mal de Chagas que contraiu durante a visita ao Brasil e outros quadros clínicos que pioraram devido ao estresse de ocultar suas descobertas.

Só em 1859, quando tinha 50 anos, seu livro *A Origem das Espécies* foi finalmente publicado. O zombaram e o ridicularizaram. Ele se aproximou de importantes

COMPORTAMENTOS VIGARISTAS

cientistas e, conversando com eles, foi conquistando adeptos da sua linha de pensamento.

Após a publicação de seu material, a saúde de Charles foi melhorando, e outros trabalhos vieram. Uma década após o lançamento do seu livro, sua teoria havia ganhado espaço. Era aceita no mundo acadêmico e mesmo os círculos religiosos começaram a propor que Deus colocou as espécies no mundo para elas evoluírem.

A descoberta, se não fosse feita por ele, em algum momento seria proposta por outro. próprio Alfred Wallace desenvolveu, de forma independente, ideias sobre a evolução, fato esse que foi crucial na decisão de Darwin de publicar seus estudos.

A história passa por nós. Devemos decidir se faremos parte ativa de sua construção ou apenas assistiremos às mudanças. A postergação de Darwin por 20 anos quase tirou seu legado histórico. Na busca pela excelência, não basta ter conhecimento, é preciso fazer algo com que o que sabemos. A ação constrói o caminho para a excelência, e esse caminho vai exigir coragem e dedicação para ser percorrido. "O amor por todas as coisas vivas é o mais nobre atributo de um homem."

CHARLES DARWIN ∎

CAPÍTULO 5

Alinhamento entre emoção e razão

> "Pouco conhecimento faz com que as pessoas se sintam orgulhosas. Muito conhecimento, que se sintam humildes. É assim que as espigas sem grãos erguem desdenhosamente as cabeças para o céu, enquanto que as cheias as baixam para a terra, sua mãe."
>
> Leonardo da Vinci

Alinhamento é uma das palavras necessárias para se conquistar a excelência. Alinhamento indica direção e sentido, que as coisas estão em ordem; cada parte conhece seu papel e o cumpre. No capítulo anterior, foram tratados os comportamentos vigaristas, que são fatores que rompem nosso alinhamento com a excelência. Alinhamento é pensar, sentir e agir em uma mesma direção. Imagine se você quisesse se movimentar para frente e a sua perna direita desse um passo adiante, mas a perna esquerda permanecesse parada. Você percebe que a perna esquerda quer seguir em outra direção ou mesmo permanecer parada onde está.

Você precisa de um alinhamento para que suas pernas sigam na mesma direção, ou ficaria parado em constante briga com elas. Esse exemplo parece simplista, mas, na verdade, perdemos muito tempo por falta de alinhamento. As pernas obedecem ao sistema nervoso central, basta que

DO MÉTODO AO MÉRITO

você pense e queira caminhar, que elas vão fazer a sua parte e levar o corpo até onde você quer chegar.

Nem todos os fatores da vida são tão obedientes quanto nossas pernas. Os pensamentos podem querer uma coisa, as emoções outra e o corpo querer algo diferente dos dois. Vamos trabalhar com alguns exemplos para deixar mais clara essa ideia. É uma manhã fria e chuvosa; no celular toca o despertador; a razão diz que você tem que se levantar para não se atrasar ao compromisso, mas o corpo prefere permanecer deitado na cama quente.

A razão quer ir para um lado, e o corpo defende o lado dele de continuar parado onde está. Falta alinhamento entre a mente e o corpo. Para resolver, muitas vezes fazemos barganhas, que são negativas, pois geram comportamentos viciosos, que serão vigaristas de nossa produtividade no futuro. Por falta de alinhamento do que é mais importante naquele momento, dormir mais ou se levantar, você barganha e aperta o botão soneca no celular para ficar mais cinco minutos na cama.

Passados os cinco minutos, você percebe que ainda não está pronto para se levantar e perde tempo barganhando novamente. Essa negociação "perde-perde", quando chega ao final, não produz nenhum resultado positivo. O corpo, por ficar dividido entre a soneca e o sono, quando se levanta da cama, está pior do que quando se levanta da primeira vez; a convicção mental se enfraquece, pois cede aos desejos do corpo. Isso sem contar que essa falta de alinhamento pode gerar impactos em terceiros, como atraso para um compromisso.

Alinhamento se conquista, é fruto de convicção mental do que se quer, de sentimentos positivos quanto aos resultados e de uma ação direcionada constante. A falta de alinhamento faz com que muita energia seja desperdiçada inutilmente. Reflita sobre o número de decisões que você toma todos os dias. Se todas essas decisões estivessem alinhadas com bons sentimentos e direcionadas para um objetivo maior, como alcançar a excelência em algo, você não gastaria mais energia mental duvidando de suas escolhas, repensando suas ações.

Se suas emoções estivessem alinhadas com essas decisões, você não desperdiçaria energia sentindo medo por suas escolhas, raiva quando algo não sai como planejado, não buscaria prazeres imediatos em substituição de realizações maiores ao longo da vida. Se as ações estivessem alinhadas com a busca de um objetivo, não haveria perda de tempo com a procrasti-

ALINHAMENTO ENTRE EMOÇÃO E RAZÃO

nação, preguiça ou descanso demasiado. Mas, frequentemente, não vivemos essa situação de alinhamento entre mente, emoção e corpo.

Vivemos frequentemente imersos em um turbilhão de emoções diferentes, cada uma indicando uma direção; a mente não sabe para qual lado quer seguir e o corpo com a tendência de escolher o mais fácil e confortável de todos.

Ou aprendemos a gerir nossos pensamentos, sentimentos e ações, ou seremos vítimas deles. Jogados de um lado para o outro, de uma coisa para a outra, produzindo apenas o mínimo possível, fazendo com que a busca pela excelência não saia de uma ideia mental, nunca concretizada efetivamente em ações.

Considere a primeira esfera, a mais interna de todas, como a excelência. Ali se encontra a essência daquilo que você quer contribuir para a sociedade, local onde reside a oportunidade de deixar seu legado. Essa esfera em que reside a essência pela busca da excelência é o principal componente para se encontrar o alinhamento. Quando não encontramos esse ponto central da busca pela excelência em algo que realmente nos motive, as demais esferas vão se comportar sem direções. A direção deve ser dada por essa essência, a causa maior da razão pela qual você quer fazer algo.

A segunda esfera de dentro para fora é a mental, onde residem os pensamentos do motivo de querermos fazer algo. A palavra dessa esfera é o *porquê*. A mente busca uma razão para fazer algo. Sem uma razão clara, vai procurando coisas que façam sentido para ela. Por que você vai correr atrás de um sonho que pode não lhe trazer retorno, se faz mais sentido ganhar dinheiro? Por que vai tentar algo novo, se faz mais sentido continuar aplicando o que já existe?

O porquê reside na primeira esfera. Se você não encontrou aquilo que o movimenta para ser melhor, não conseguirá responder às questões da segunda esfera. Agora, se já encontrou, não se deixe iludir ou mudar de ideia pelos questionamentos da mente. Simplesmente reforce a si mesmo(a): "Eu faço isso **por essa razão**...", e deixe claro para a mente quais são essas razões.

A terceira esfera é a emoção. A razão nos traz a resposta do que devemos fazer, por que devemos fazer, mas, em sua natureza, ela não mo-

DO MÉTODO AO MÉRITO

vimenta as coisas com paixão. A razão cessa os impulsos, e aquele que repousa demais na razão gera poucos resultados concretos. É necessário fazer o "porquê" da mente descer até as emoções e movimentá-la na direção indicada pela essência. É necessário cuidar das emoções viciadas, pois prejudicam nossa ação.

Existem emoções viciadas em prazer, e toda ordem mental que possa parecer diferente disso gera emoções negativas. Existem emoções viciadas em dor, por isso algumas pessoas se sabotam, pois criaram um sistema defensivo que aprendeu a transformar dor em prazer, e essas pessoas ficam em busca de dor, seja em relacionamentos, no trabalho ou na vida financeira. É necessário vigiar constantemente as emoções, pois elas mudam com mais facilidade do que o clima. É preciso encontrar a emoção adequada para completar uma tarefa; as emoções dão movimento, dão vida para o que estiver sendo feito.

A última circunferência é de nossas ações concretas. Para construir resultados, é necessário ter clareza de ideias e coragem para fazer o que é necessário. O último passo é movimentar isso para o mundo canalizando como uma energia que segue uma única direção. A energia em uma única direção permite chegar mais longe, ir além dos resultados habituais. Grande parte das pessoas perde energia com muitas coisas, sejam pensamentos, sentimentos ou atividades que não agregam diferença na vida. Ao longo dos anos, pouco resultado é produzido por essas pessoas, porque colocam pouca energia para realizá-los, e pouca energia gera pouco resultado.

Nessa equação, para ser excelente, você terá que concentrar seus esforços e parar de brigar consigo mesmo. Mente e emoção devem ser aliadas; não ignore uma para valorizar a outra, dê a ambas a mesma importância. Se guiar seus atos apenas pela razão, nunca construirá nada de sólido — a mente gosta de conhecimento e de aprendizado, e não necessariamente de vivenciá-los na prática.

É comum conhecer pessoas que já fizeram dezenas de cursos, mas nunca aplicaram nada do que aprenderam. Gente que reclama dos resultados obtidos e diz que nada funciona para elas, porém, raramente procuram utilizar de verdade o que aprenderam. Se ao menos um pouco do que assistiram de cursos e leram nos livros fosse aplicado, já poderiam causar grande mudanças em suas vidas.

ALINHAMENTO ENTRE EMOÇÃO E RAZÃO

Pense cuidadosamente em suas decisões; planeje, mas não caia no exagero de nunca ir para a ação por não se achar pronto. O erro é parte do aprendizado. Dê-se o direito de errar e assuma a responsabilidade de corrigir seus erros, assim, você evolui cada vez mais. Também não seja do tipo que sempre age por impulso, entrando sem refletir em qualquer novidade ou moda de que estão falando.

Não permita que sua emoção o jogue de um lado para o outro. Pare e reflita se a opção que lhe foi apresentada faz sentido para você. É isso que você quer para os próximos anos de sua vida?

Não decida no calor da emoção, não faça as coisas por impulso; o impulso passa e o que fica é sua sensação de que aquilo não ajudou em nada. Use a emoção para encher seu coração de coragem para fazer o que precisa ser feito, para aquecer o coração dos outros, que podem participar do seu projeto. Grandes coisas são construídas em conjunto. Trabalhe com alegria, não se lamente pelo que faz. Suas escolhas, foi você quem fez; assim como é responsável por elas, também é capaz de mudar o que lhe parecer errado.

Finalmente, pare de brigar consigo mesmo por suas escolhas e não escolhas, pelas emoções que viveu e aquelas que deixou de viver, pelo que fez e pelo que deixou de fazer. Quando for brigar, o faça pela excelência que você pode alcançar na vida. Não se deixe abater por dias ruins nem perca o chão por dias bons. Cada dia é um novo dia. Aprenda a travar as brigas que merecem ser travadas; deixe de lado todas as demais. Assuma compromissos verdadeiros com a melhoria contínua e se mantenha caminhando.

DO MÉTODO AO MÉRITO

JORGE PAULO LEMANN

Quanto você busca pela excelência? Quais coisas estaria disposto a deixar de lado para atingi-la? Deixar de lado não significa que nunca mais faremos certas coisas na vida, significa que em algum momento decidimos aonde queremos chegar e o que é importante para nós — e por isso as priorizamos .

Vamos falar no primeiro passo do método ARTE sobre essa definição de objetivo. Cada uma das histórias que trago nesta obra é de pessoas que conseguiram viver cada um dos passos da metodologia aqui apresentada.

Jorge Paulo Lemann, um dos maiores empresários brasileiros, é sócio de empresas como: AB Inbev, Heinz, Burger King, Lojas Americanas. Figura na lista da revista *Forbes* entre os homens mais ricos do mundo, tendo sido eleito o homem mais rico do Brasil por seis anos consecutivos.

Todo esse potencial empresarial poderia nunca ter acontecido se Jorge Paulo seguisse uma paixão de infância: o tênis. Filho de imigrantes suíços, na juventude JP Lemann gostava mesmo de surfe e tênis.

Começou a praticar o esporte aos sete anos de idade e, desde jovem, demonstrou ser disciplinado, selecionando o que poderia comer e beber — nunca foi adepto a bebidas alcoólicas. Sua dieta disciplinada auxiliava seus bons rendimentos como atleta.

Jorge Paulo costuma dizer que sua mãe tinha mais ambição empresarial que seu pai, e queria um futuro diferente

ALINHAMENTO ENTRE EMOÇÃO E RAZÃO

para o filho. Com 17 anos, foi estudar na Universidade Harvard, nos EUA.

Embora seja considerada uma das principais universidades do mundo, Lemann não gostou da experiência que teve. Faltava a praia carioca, o clima frio também de nada o agradou. Em seu primeiro ano, não chegou a ser um aluno notável; pelo contrário, suas notas não eram das melhores.

Antes de regressar ao Brasil de férias, resolveu que soltaria alguns fogos de artifício próximo ao campus. Sua atitude lhe rendeu uma carta recomendando que ficasse "um ano afastado das aulas para ganhar mais maturidade". Como a carta não era uma suspensão, e sim uma recomendação, ele decidiu voltar no ano seguinte, mesmo sem gostar das aulas.

Nesse ponto, já podemos observar como pessoas de excelência estão dispostas a fazer coisas de que não gostam, mas que precisam ser feitas. Fazer o que tem que ser feito é um sinal do

alinhamento que expliquei neste capítulo.

A VIDA NÃO SE RESUME APENAS A FAZER AS COISAS DE QUE GOSTAMOS; FAZER O QUE QUEREMOS FAZER NA HORA EM QUE QUEREMOS. A VIDA E O CAMINHO PARA A EXCELÊNCIA TRATAM DE FAZER O QUE PRECISA SER FEITO E NA HORA EM QUE É PRECISO.

Lemann tinha que concluir a faculdade. Sua família o pressionava, então, decidiu que a concluiria o quanto antes. O mais comum é procrastinarmos, deixar para depois o que não gostamos de fazer. Falta alinhamento entre saber o que precisa ser feito e ter motivação para começar a fazê-lo.

A excelência não exige motivação, exige disciplina. E, com disciplina, Jorge Paulo começou a cursar mais aulas a cada semestre. Os três anos que faltavam para a conclusão do curso foram completados em dois anos. Além de

DO MÉTODO AO MÉRITO

concluir em menos tempo, suas notas melhoraram.

Depois de formado em economia, se mudou para a Suíça para estagiar no banco Credit Suisse. Com pouco tempo de estágio, recebeu o convite para jogar um campeonato de tênis. Resultado? Ganhou e saiu do banco para representar a Suíça na copa Davis.

A paixão de infância falou mais alto. Já que enxergava que não estava aprendendo nada no banco, não perdeu tempo e foi buscar outras conquistas. Após dois anos, Lemann deixaria de ser um profissional de tênis. Nunca abandonou o esporte, mas compreendeu que suas ambições não seriam alcançadas com essa atividade.

"Pelo tanto que joguei, percebi que dificilmente estaria entre os 10 melhores do mundo. Resolvi parar, já que eu não seria um astro." Jorge Paulo também confidencia que foi em Harvard que começou a ter sonhos maiores que ganhar um

campeonato de tênis ou pegar ondas grandes.

Nessa decisão, ele firma seu compromisso com a excelência; não queria estar entre os bons jogadores, queria estar no topo do mundo. Decidiu, então, deixar a profissão de tenista para se concentrar na área financeira.

De volta ao Brasil, em 1963, começou a atuar na Invesco, uma financeira que faliu três anos depois, levando a participação de 2% que ele detinha na época. O seu fracasso não é muito diferente dos demais casos que vimos. Há percalços no caminho. Tenha você dinheiro ou não, seja inexperiente ou sênior, as coisas podem dar errado.

Foi aos 31 anos que fundou como sócio a corretora Garantia, e as coisas finalmente começaram a mudar. Dono do seu próprio negócio, poderia implementar a cultura que aprendeu em Harvard.

A primeira característica da mentalidade de excelência que podemos trazer para nossa

ALINHAMENTO ENTRE EMOÇÃO E RAZÃO

vida na gestão de JP Lemann na Garantia é a forma de aprendizado. Lemann trouxe para sua corretora a cultura de investimentos do Goldman Sachs, que na época era o maior banco de investimentos do mundo.

Como ele costuma dizer: "Por que começar do zero se é possível aprender com os melhores?" Essa prática é conhecida no mundo dos negócios como *benchmark*. Você procura pessoas e empresas que tenham resultados excelentes em sua área de atuação e aplica os fundamentos do que eles fazem na sua vida e na sua empresa.

Foi assim também quando o Garantia comprou as Lojas Americanas. Um dos sócios no Garantia, Beto Sicupira, foi comandar a empresa. Com experiência no ramo financeiro, mas sem experiência no varejo, Beto buscou conselhos com Sam Walton, o fundador da rede de supermercados Walmart.

Das lições que o homem de negócios Jorge Paulo Lemann nos deixa, vale ressaltar seu foco pelos resultados, não apenas pelo esforço. Muita gente diz que se esforça, mas não consegue atingir as metas. Esforço sem direção, trabalho sem metodologia, não gera o resultado esperado.

É necessário saber o que fazer, e então definir como precisa ser feito para obter os resultados esperados. Esse pensamento é fortemente ligado à metodologia de que trataremos nos próximos capítulos. Vamos entender os passos necessários para construir o caminho em direção aos seus objetivos. "Ter um sonho grande dá o mesmo trabalho que ter um sonho pequeno."

JORGE PAULO LEMANN ∎

CAPÍTULO 6

Mentalidade campeã

"O maior perigo para a maioria de nós não está em definir o nosso objetivo muito alto e ficarmos aquém, está na definição do nosso objetivo muito baixo e alcançarmos a meta."

MICHELANGELO

Para se manter no caminho, é necessário ter uma postura mental positiva. Postura mental positiva não é acreditar que tudo vai terminar bem no final, independentemente do que fizermos. Essa postura quer dizer desenvolver uma forma de pensar e responder aos problemas apresentados sempre da ótica de encontrar soluções, ver oportunidades em vez de dificuldades. Muito ouvimos falar da importância de manter uma mente positiva frente aos desafios colocados pela vida. Como diz o provérbio: "O problema não está nas coisas que lhe acontecem, está na forma como você reage às coisas que lhe acontecem." Vamos passar por alguns pensamentos que reforçam a necessidade de manter uma postura mental positiva.

DO MÉTODO AO MÉRITO

"AS ÚLTIMAS TRÊS OU QUATRO REPETIÇÕES É QUE FAZEM OS MÚSCULOS CRESCEREM. ESSA BARREIRA DE DOR DIVIDE O CAMPEÃO DE ALGUÉM QUE NÃO É CAMPEÃO. É ISSO QUE FALTA À MAIORIA DAS PESSOAS, TER A CORAGEM DE IR EM FRENTE E DIZER QUE VAI SUPERAR A DOR, NÃO IMPORTA O QUE ACONTEÇA." Arnold Schwarzenegger

A mente pode superar a dor, mas, na maioria das vezes, ela desiste antes do corpo. Vou propor um desafio, porém, procure um acompanhamento se não tiver nenhuma experiência. Desafie-se a correr por um determinado tempo, por exemplo, 20 minutos, considerando que você tenha pouca experiência em corrida; ou então algo que seja mais desafiador de acordo com seu estilo de vida e condicionamento físico. Você vai deixar um ponto de inércia, onde não havia nenhum desafio, para colocar seu corpo em ação.

Logo que começar o desafio, vai sentir inúmeras dificuldades, e, por várias vezes seguidas, sua mente vai lhe dizer: "Desista, você já está cansado"; "Já conseguiu um bom resultado por hoje"; "Não dá mais, chega". Quando estamos na ação, uma mente destreinada tende a querer desistir antes da hora. A mente quer parar, quer voltar ao estado anterior. Ela desiste, enquanto o corpo ainda tem capacidade para ir mais longe. Não falo isso para que você chegue a um extremo que comprometa sua saúde, isso é um alerta de que sua mente vai querer que você pare enquanto ainda há muito mais a ser feito. Continuar um pouco mais quando a maioria desiste é aquilo que lhe tira do platô das mesmices.

"TODAS AS COISAS SÃO PRECEDIDAS PELA MENTE, GUIADAS E CRIADAS PELA MENTE. TUDO O QUE SOMOS HOJE É RESULTADO DO QUE TEMOS PENSADO. O QUE HOJE PENSAMOS DETERMINA O QUE SEREMOS AMANHÃ. NOSSA VIDA É CRIAÇÃO DE NOSSA MENTE." Buda

Sidarta Gautama, conhecido como Buda, é um dos grandes mestres espirituais da humanidade. Os ensinamentos budistas reforçam a importância do domínio da mente para o domínio de si mesmo. A mente é a grande aliada ou inimiga de um ser humano. Ninguém faz ou conquista algo se isso antes não tiver sido pensado. Dessa forma, você cria a si mesmo através de seus pensamentos diários. Como é a versão que cria de si mesmo? A versão de hoje está um pouco melhor do que a de ontem? Sempre é possível se recriar, e sempre é válido que o foco dessa arte de se recriar seja para uma forma melhor de si mesmo.

"TUDO O QUE A MENTE HUMANA PODE CONCEBER, ELA PODE CONQUISTAR."
NAPOLEON HILL

Napoleon Hill tornou-se famoso por estudar como o pensamento é capaz de criar riquezas. Um de seus livros mais conhecidos, *Quem Pensa Enriquece*, foi fruto de mais de 20 anos de pesquisa com os maiores industriais americanos. Todo o livro é dedicado ao estudo da importância de ter uma mente preparada para ser próspera. Napoleon não defende que basta apenas pensar para produzir resultados, o que muita gente diz por aí para atrair pessoas interessadas em resultados fáceis. Ele lista atitudes necessárias para gerar riqueza, mas exemplifica que todas as atitudes nascem da forma como pensamos.

"UMA PESSOA SERÁ TÃO FELIZ QUANTO SUA MENTE DECIDIR." **ABRAHAM LINCOLN**

Para o ex-presidente estado-unidense, a mente tem relevância fundamental para definir nossa felicidade ou infelicidade. É possível, mesmo em situações difíceis, sermos felizes? Buscar a excelência pode exigir sacrifícios e esforços acima da média, pode gerar dor e cansaço físico, e mesmo assim sermos felizes?

A FELICIDADE NÃO SIGNIFICA AUSÊNCIA DE DOR, MAS ESTÁ ASSOCIADA A COMO LIDAMOS COM AS DORES QUE VIVEMOS.

A dor é natural na existência humana, sofrimento é uma questão de escolha. Posso escolher ficar me lamentando pelos fatos que me acontecem ou posso decidir ser feliz apesar de qualquer fato que me suceda. Encarar a vida como uma sala de tortura ou uma sala de aula é escolha nossa. Uma das formas vai permitir que sejamos felizes apesar das dificuldades, a outra vai nos limitar, roubar tempo e energia, fazer com que fiquemos parados onde estamos.

Seja no campo da espiritualidade, na política, nos esportes ou nos negócios, a presença de uma mentalidade correta é afirmada por aqueles que construíram resultados, mudaram o mundo, influenciaram pessoas. Podemos comparar a mentalidade correta com uma ferramenta: se você quiser montar um banco de madeira para se sentar e tiver à sua disposição madeira, serrote, pregos, mas não o martelo, fica mais difícil de conseguir concluir seu trabalho. Ter mentalidade campeã é aprender a pensar em formas de ir mais longe, de concluir o trabalho a ser feito.

Um dos fatores que atingem uma mentalidade campeã são as crenças limitantes. Crenças limitantes estão no grupo dos comportamentos vigaristas. Esse comportamento especificamente atua na forma de pensar e nos impede de agir com empenho, pois, sem perceber, já acreditamos no fracasso da iniciativa. Crença limitante é todo aquele pensamento preconcebido que traz respostas prontas para uma situação; respostas que com frequência não geram o resultado de que precisamos, são pensamentos formados em algum momento da vida e normalmente fruto de algum preconceito ou falta de conceitos para fundamentar melhor algumas ideias.

Uma crença limitante pode ser uma ideia como:

NESSA EMPRESA, SÓ É PROMOVIDO QUEM NÃO TRABALHA OU É PARENTE DO DONO. Você pode ter vivenciado isso em algum momento da sua carreira profissional, o que não torna toda situação igual; porém, ao pensar assim, você diminui drasticamente suas próprias chances de ser promovido. Por que você vai se dedicar a realizar um bom trabalho se acredita que não pode colher frutos?

TODO POLÍTICO É LADRÃO. Uma característica de uma crença limitante é a tendência a ser generalista; ela fala que tudo é igual, que as coisas são sempre assim. Se todo político é igual, por que você vai dedicar tempo para escolher o melhor candidato, já que todos vão roubar? E aí se encontra um grande problema de toda crença limitante: você se exime da responsabilidade sobre suas ações e resultados e, sem responsabilidade, você não consegue construir algo.

GÊNIO NASCE PRONTO. Se um gênio já nasceu assim, ou alguém é gênio ou não é. Outra crença limitante que impede diretamente a busca pela excelência, afinal, gênios são considerados excelentes no que fazem, e não podemos nos comparar a eles. Quando estudamos a vida das pessoas que hoje consideramos como gênios em alguma área, vamos perceber em comum muita dedicação e trabalho duro. Horas dedicadas a desenvolver sua "arte" — sobre isso, vamos falar mais no método ARTE. Por enquanto, ficamos com a frase de Thomas Edison: "Genialidade é 1% de inspiração e 99% de transpiração." Thomas Edison registrou durante a vida 2.332 patentes. Conforme esse pensamento, não devemos atribuir as patentes à genética, e, sim, à transpiração, ao trabalho.

SOU ASSIM E NÃO CONSIGO MUDAR. Outro padrão de crença limitante que apenas faz com que sejam repetidos o maior número de vezes os mesmos erros, que a força de vontade não seja aplicada para sair de alguma situação e mudar um quadro para melhor. Arnold Schwarzenegger disse em entrevista que algumas pessoas chegavam para ele e diziam que estavam 20 kg mais gordas e não conseguiam perder peso. Ele comentou que conseguia perder 20 kg facilmente, sem dor, apenas direcionando sua mente para esse objetivo.

NÃO SOU BOM PARA ESTAR COM ESSA PESSOA OU ENTÃO AS PESSOAS SE APROXIMAM DE MIM PELO QUE TENHO. Dois tipos de crença limitante no campo dos relacionamentos. A primeira afeta a autoestima. Não permita que as crenças limitantes afetem a estrutura de sua autoestima, pois, para chegar à excelência, é necessário acreditar nas suas capacidades. A segunda também trata de autoestima e pode representar dois pontos: ou a pessoa não se acha boa o bastante e acredita que os outros se aproximam dela pelos bens materiais, ou ela se supervaloriza pelo que conquistou.

Sendo uma causa ou outra, a questão é que esse tipo de crença vai impactar no relacionamento. As pessoas se aproximam uma das outras pelos

DO MÉTODO AO MÉRITO

valores que têm. Quando alguém se aproxima pelo interesse de obter algo em troca, conseguimos perceber isso com o convívio. Apenas não percebemos quando também nos aproximamos de outras pessoas por interesse, porque, nesse caso, existe uma identificação de valores, percebemos o oposto com mais facilidade do que o que é igual.

FICOU RICO PORQUE FEZ ALGO DE ERRADO. Uma de tantas crenças limitantes que existe em relação ao dinheiro. Dinheiro é um amplificador de potencialidade. Se a pessoa tem talento para fazer coisas boas, o dinheiro vai permitir que ela possa ajudar muito mais gente. Fazer dinheiro não tem nada a ver com agir de forma ilícita; você tem a capacidade de escolher como vai agir, não pode culpar uma oportunidade financeira por ações antiéticas. Muitas pessoas constroem sua riqueza de forma ética, e com essa riqueza conseguem ajudar as demais fundações para o combate à pobreza e com doações para instituições não governamentais.

Revise sua postura mental frente aos desafios, às oportunidades e aos riscos que aceita correr. Busque quais são suas crenças limitantes relacionadas à saúde, qualidade de vida, carreira, dinheiro, espiritualidade e relacionamentos. Se você não conhecer o inimigo, não pode vencê-lo. Muitas vezes, uma crença pode estar o impedindo de atingir os mais altos resultados na vida. Não creia em pensamentos que o limitam; expulse ideias preconceituosas da mente; vigie pensamentos generalistas do tipo "todo mundo faz", "sempre foi assim". Creia na excelência, em ser melhor a cada dia. Essa crença pode movê-lo; as outras, paralisá-lo.

MENTALIDADE CAMPEÃ

AYRTON SENNA

Um dos maiores ídolos do esporte brasileiro nas décadas de 1980 e 1990. Dependendo do ano em que você nasceu, é possível que não tenha tanta familiaridade com as corridas de Fórmula 1 e nem com a importância de Ayrton Senna para o esporte.

O Brasil tem três campeões mundiais de Fórmula 1: Emerson Fittipaldi, Nelson Piquet e Ayrton Senna. Emerson conquistou dois títulos mundiais, Nelson e Senna são detentores de três títulos mundiais.

Desde a morte de Senna, em 1994, o Brasil não voltou a conquistar o título de campeão mundial de Fórmula 1, apesar de representantes como Rubens Barrichello e Felipe Massa, que demonstraram bons desempenhos.

Ayrton foi uma dessas pessoas cujo esforço, dedicação, foco e disciplina o colocaram acima da média dos demais esportistas de sua época. Considerando que a Fórmula 1 é o local onde os maiores pilotos de corrida se encontram, é onde aqueles que são fora da média competem, ser o melhor entre os melhores não é um resultado fácil de se conseguir.

O ex-preparador físico de Ayrton Senna, Nuno Cobra, diz que ele nem sempre teve a facilidade para o esporte. Quando ganhou um kart do seu pai, os demais garotos da rua diziam que ele era o pior de todos.

Senna não nasceu pronto para as corridas, ele esteve disposto a pagar o preço pela excelência que atingiu; esteve

DO MÉTODO AO MÉRITO

disposto a fazer o trabalho mais árduo para qualquer ser humano, o trabalho de desenvolver a si mesmo.

Para ele, não era pesaroso fazer o trabalho que precisava ser feito, era natural fazer tudo que fosse preciso para conquistar resultados de excelência. Dizia para seu preparador físico que não era determinação, era uma alegria, um encantamento praticar os exercícios propostos.

Transformar dor e suor em vitórias é para quem cultiva a mentalidade campeã. A maioria simplesmente vai reclamar dos esforços que tem de fazer, vai desistir, vai achar desculpas para não fazer, não vai se dedicar o bastante.

Se você quer ser excelente em algo, precisa pensar como uma pessoa excelente e agir como uma. Veja o que Ayrton fala sobre seu início no kart: "Me dedicava como profissional no kart, apesar de ser um hobby na época."

Desde criança, ele cultivou essa mentalidade de olhar com seriedade profissional para o que estava fazendo. Isso, de acordo com ele, lhe deu anos de vantagem em experiência. Ganhou seu primeiro kart com apenas quatro anos e, apesar de só começar a competir profissionalmente aos 13 anos, antes disso já se dedicava com olhar profissional para seu hobby.

Talvez você passe por um momento em que pense em uma transição de carreira, ou mesmo esteja naquele platô profissional em que todos caminhamos em algum momento. O que não pode faltar nessa hora é a mentalidade de: "Quando for necessário, eu vou me preparar para desafios maiores."

Prepare-se a todo momento para os desafios maiores. Se você não se prepara corretamente, quando oportunidades surgirem, não vai conseguir aproveitá-las da melhor maneira.

Outro ponto para se ter em mente é que, ao demonstrar mais capacidade, oportunidades surgem com mais facilidade. Os convites para competir em

MENTALIDADE CAMPEÃ

categorias cada vez mais difíceis só chegaram para Senna devido ao desempenho demonstrado; a oportunidade de correr em equipes com carros melhores porque ele provou que conseguia fazer bons resultados com carros inferiores.

Ele não esperou ter o melhor carro na Fórmula 1 para buscar o pódio. Em seu primeiro ano correndo pela equipe Toleman-Hart, Senna conseguiu terminar na 9ª colocação no campeonato, o que lhe rendeu um convite para correr no ano seguinte pela Lotus-Renault. Pela Lotus, fez três boas temporadas e conseguiu suas primeiras vitórias na F1, o que o levou, no ano de 1988, para a McLaren-Honda, na época, a equipe com o melhor carro.

Foi na McLaren que Senna conseguiu seu tricampeonato mundial, superando o companheiro de equipe Alain Prost. Seu resultado não veio de uma hora para a outra, foi construído ano a ano.

Aos 26 anos, enquanto corria pela Lotus, disse em entrevista que tinha a experiência de um

piloto de 35 devido à forma como conduziu o início de sua carreira no kart. Pensamento semelhante ao de outra personalidade do esporte de que já falamos por aqui: Kobe Bryant.

Assim como Kobe treinava mais que seus colegas de infância e juventude, Senna também se dedicava horas ao seu hobby, para assim se distanciar em desempenho dos demais colegas de profissão.

Essa dedicação aos treinos também pode ser observada em outra peculiaridade pela qual Ayrton Senna era reconhecido: correr bem na chuva. Apelidado de "rei da chuva", tanto o público como a imprensa e os colegas de profissão reconheciam que, quando chovia durante as corridas, estes estavam em desvantagem contra Senna.

Essa habilidade para correr em pista molhada também não foi alcançada do nada. Ayrton, quando percebeu na juventude que sua performance em pista molhada era ruim, passou a treinar embaixo da chuva.

DO MÉTODO AO MÉRITO

Essa atitude tem muita relação com o quarto passo do método ARTE. Ele focou em desenvolver pontos frágeis do seu desempenho, o que no futuro serviu como um diferencial entre os demais pilotos. Essa nova habilidade, que era negligenciada pelos demais pilotos, lhe garantiu vitórias e excelência em corridas com pista molhada.

A mentalidade campeã não cede aos impulsos e à falta de alinhamento. "Você treina seu corpo para fazer o que você quer, não o que ele quer. Então, você treina a mente para fazer o mesmo." Se para Senna seu treinamento físico era prazeroso, era porque ele sabia que aquele condicionamento o aproximava dos seus objetivos.

Ele não era isento de emoções, como nenhum de nós. Muitos até o consideravam emotivo, mas, nas pistas, ele conseguia direcionar suas emoções para seus objetivos. Não era isento do medo, era alguém que conseguia superar a insegurança através do treino e controle mental.

Senna conquistou o tricampeonato mundial e diversas outras marcas importantes na carreira devido à sua mentalidade campeã, mentalidade que se transformou em um estilo de vida. "Eu não sou desenhado para chegar em terceiro, quarto ou quinto. Eu corro para vencer."

AYRTON SENNA ∎

CAPÍTULO 7

O Método ARTE

> "Tenham foco, vocês têm que escolher em algum momento. Escolham aquilo em que são bons e que gostam de fazer, porque aí vão conseguir fazer bem. Todas as pessoas de sucesso que conheci eram focadas."
>
> JORGE PAULO LEMANN

Pelos próximos quatro capítulos, será apresentada a você a metodologia de excelência ARTE. Essa metodologia foi criada com base nos estudos das características em comum das pessoas que construíram grandes resultados em diversas áreas. Selecionei, entre as características apresentadas por homens e mulheres de excelência ao longo dos séculos, as que considerei mais importantes na construção de resultados. Essa metodologia não exclui que houve pessoas com outras características e que possa haver outras formas de chegar a grandes resultados, mas essa metodologia é um caminho que, consciente ou inconscientemente, foi tomada por grandes nomes ao longo da História.

Ao descobrir como essas pessoas construíram seus resultados, precisava criar um método de fácil aplicação para possibilitar o aprendizado e transmissão desses comportamentos aos demais, proporcionando, assim, crescimento e disseminação de uma cultura de excelência no mundo. Para apoiar a construção desses comportamentos em todos que passarem

DO MÉTODO AO MÉRITO

pelo treinamento, busquei utilizar ferramentas de gestão e coaching aliadas ao método.

A cada passo do método, utilizei a inicial de um dos comportamentos essenciais ligados à excelência, então teremos: A – alvo; R – responsabilidade; T – trabalho; E – esmero. Ao escolher tratar o método dessa forma, sei que facilito a memorização de todos aqueles que buscam a excelência, basta apenas se recordar da palavra ARTE.

A escolha por formar essa palavra também vem de uma particularidade que podemos aprender com os grandes artistas: a capacidade de atravessar gerações. Quando nos lembramos de Michelangelo, Leonardo da Vinci, William Shakespeare, Beethoven, entre outros, recordamos também a capacidade deles de construir uma obra que ultrapassa gerações, considerada atemporal pela beleza de suas composições e pela excelência que seus trabalhos alcançaram.

O Método ARTE procura levar esse espírito de realizar, de forma a buscar a excelência naquilo que é feito, buscar fazer algo maior, deixar algo que permaneça para as futuras gerações. Ao escolher o termo arte para nomear essa metodologia, espero que cada um que tenha acesso ao método e o coloque em prática leve consigo também o espírito de fazer um belo trabalho. Cabe a cada profissional levar beleza para o que faz, transformar ideias e pensamentos em obras concretas que possam ser vistas, e prestar um serviço aos demais.

Viver o Método ARTE de excelência é ir contra a mediocridade espalhada nas diversas áreas.

Precisamos voltar a colocar vida nas coisas que fazemos. O cotidiano se encontra cada vez mais feio, então, é preciso "artistas" em todas as profissões, pessoas que embelezem o cotidiano com pensamentos, sentimentos, palavras e ações.

Não basta se contentar com apenas o utilitarismo das coisas, é preciso que elas tenham um significado mais profundo, que embelezem de alguma maneira a vida daqueles que vão usufruir de um produto ou serviço. O caminho para isso é realizar o que se faz com excelência, como um Leonardo da Vinci ao pintar sua Mona Lisa.

PRIMEIRO PASSO DO MÉTODO ARTE: TER UM ALVO

Ter clareza sobre aonde quer chegar nos próximos anos é fundamental para atingir seu objetivo, propósito e excelência. Quando você vai sair fisicamente de um lugar — vamos supor que mora em São Paulo e quer chegar ao Rio de Janeiro —, a primeira coisa que precisa ser feita é saber claramente em que lugar está e, depois, qual é o seu destino.

A partir da definição de qual é o seu destino, você vai passar a definir como pode chegar lá. Depois de definido o destino, você precisa responder a algumas questões:

- Qual vai ser o meio de transporte?
- Vai de carro, ônibus, avião, carona?
- Você sabe como chegar ou vai ter que estudar a rota?
- Qual é o melhor meio para chegar?
- Quanto tempo vai levar?
- Quanto vai custar financeiramente chegar lá?
- O que precisa levar?
- O que pode deixar?
- Quais serão as paradas pelo caminho?

Você consegue responder com clareza a todas essas perguntas apenas depois que definir o seu destino. Tentar responder a "quanto tempo vai levar?" sem saber para aonde vai é loucura, pois cada lugar tem sua distância e suas exigências. O caminho pode ser traçado com paradas, programadas ou forçadas. Responder a "quanto vai custar financeiramente chegar lá?" se você não sabe aonde vai é impossível. As questões estão intimamente ligadas ao seu destino. Sem definir aonde quer chegar, é improvável que consiga responder sem enganos às demais questões.

Essa ideia é bem simples quando analisada como uma viagem, porém, quando importamos esse conceito para a vida, grande parte das pessoas não definiu com clareza qual é seu próximo destino, e muitas vezes nem sabe realmente onde se encontra no momento atual. Antes de voltarmos a tratar de definição de alvo, vamos tratar de conhecer um pouco mais como e onde estamos no momento presente e, a partir de maior clareza, definir o próximo alvo a ser buscado.

NÍVEL DE SATISFAÇÃO

A primeira prática para entender um pouco nosso estado atual é definir o quão satisfeitos estamos em relação aos fatores que influenciam nossa vida. Para definir o nível de satisfação, utilizaremos a "Roda da Vida".

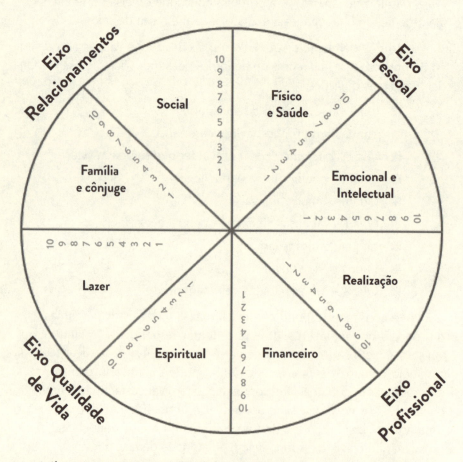

A ilustração acima está dividida em quatro setores: Relacionamentos, Pessoal, Profissional e Qualidade de Vida. Cada um desses eixos tem duas áreas. RELACIONAMENTOS engloba vida social e familiar/cônjuge; PESSOAL engloba o lado físico/saúde e o emocional/intelectual; o PROFISSIONAL engloba a realização e o financeiro; e QUALIDADE DE VIDA engloba os aspectos da espiritualidade e lazer. Cada uma das áreas tem uma numeração que vai do 1 até o 10, sendo 1 como **totalmente insatisfeito** e 10 como **totalmente satisfeito**.

O MÉTODO ARTE

Para entender um pouco melhor como estamos no hoje, vamos avaliar todas as áreas da vida. Se você preferir, disponibilizei em meu site <www.ouroborostreinamentos.com.br>, para download gratuito, a planilha em Excel com a Roda da Vida como vista anteriormente. Você pode preencher esse exercício pela planilha, se preferir, em vez de desenhar em uma folha. Para facilitar o entendimento de cada uma das áreas da Roda da Vida, vou descrevê-las abaixo.

É importante entender que as notas a serem dadas são o seu grau de satisfação — isso não é uma base de como é o grau de satisfação de outras pessoas ou como alguém lhe disse que precisa ser. Por exemplo: um profissional que recebe R$3 mil por mês pode ter um grau de satisfação nota 9 em relação às finanças. Porém, ele ouve outras pessoas dizerem que deve procurar outro emprego para receber mais, que outras áreas são melhores e, assim, tomando por base a opinião alheia, anota o grau de satisfação como nota 3. A finalidade dessa prática é ser o mais sincero possível consigo mesmo, não é ouvir o que os outros falam; é sua opinião sincera e verdadeira sobre sua satisfação com relação àquela área. Vamos ver a seguir o que pode ser avaliado em cada área da Roda da Vida.

PESSOAL:

Físico e Saúde: Diz um provérbio que os homens perdem a saúde para ganhar dinheiro e gastam o dinheiro para recuperar a saúde. Para não cair nesse erro, avalie sinceramente quais pontos gostaria de melhorar. Leve em consideração:

- Quando foi seu último check-up médico?
- Os resultados dos exames estão controlados?
- Realiza alguma atividade física semanal?
- Tem disposição para realizar as atividades diárias ou sente falta de energia durante o dia?
- Sente-se satisfeito com sua saúde e corpo atualmente, ou vê uma necessidade de mudança de hábitos para práticas mais saudáveis?

Emocional e Intelectual: Analise sua criatividade neste tópico, seu interesse por conhecer coisas novas, o discernimento para tomar decisões

DO MÉTODO AO MÉRITO

assertivas. Essas características são pontos-chave para empreender uma mudança com sucesso na vida e superar os problemas pelo caminho. Emocionalmente, é uma pessoa equilibrada, controla bem as emoções, ou é tomado pela ira, ansiedade e medo facilmente?

Lembre-se: habilidades técnicas podem ser desenvolvidas a partir dos estudos, mas apenas técnica não basta para chegar à excelência. No caminho para a excelência, é necessária a formação de muitas alianças e, para o bom convívio com os demais, é preciso equilíbrio emocional para não tomar decisões precipitadas, baseadas em uma emoção momentânea.

Nesse aspecto, é importante trabalhar desde conhecimentos técnicos que fortalecem seu lado intelectual, preparando-o para resolver problemas mais complexos, até práticas que fortalecem seu controle emocional, autodomínio para saber lidar com situações de estresse.

PROFISSIONAL

REALIZAÇÃO: A profissão escolhida está diretamente ligada ao nível de satisfação na vida pessoal. A ideia de separar o lado profissional do lado pessoal é ultrapassada. O que não pode ocorrer é levar os problemas e desentendimentos de uma área para a outra. A pessoa que tem problemas com a família e os leva para a empresa arruma dois problemas. Da mesma forma, o desentendimento com o chefe ou colega de trabalho não pode ser levado até o cônjuge ou para os filhos.

Um profissional passa hoje, em média, oito horas diárias dentro da empresa; acrescente a isso o tempo de deslocamento para o local de trabalho e quase metade do dia é destinada ao ambiente de trabalho. Somando a isso o tempo necessário de sono (entre seis e oito horas diárias), sobra pouco para as demais atividades; portanto, aquele que não dá o devido valor à área profissional vive grande parte da vida insatisfeito, pois é dentro do ambiente de trabalho que passa grande parte da vida adulta. Para apoiar essa avaliação, considere as perguntas:

- O trabalho que faz hoje lhe proporciona uma realização profissional?
- Levanta-se para ir ao trabalho com o sentimento de que faz algo importante, que contribui com a sociedade, consigo

mesmo e com a família realizando suas tarefas, ou sente um vazio, uma falta de propósito?

- Qual é o trabalho que gostaria de estar exercendo hoje?
- Enxerga motivação em seu trabalho?
- Existe algo nele que gostaria de mudar?
- Qual trabalho gostaria de exercer pelos próximos 10, 20 ou 30 anos?

FINANCEIRO: Todos gostariam de receber aumentos salariais, mas poucos fazem coisas diferentes para merecê-los. Pense como um empreendedor. Se o funcionário faz sempre a mesma coisa, por que pagar a mais?

Não caia na armadilha de esperar o reconhecimento pela experiência ou tempo de casa dentro de uma empresa. Mostre o seu valor, faça coisas diferentes e cobre a mais por isso. É possível aumentar em muito seus ganhos atuais, bastam algumas mudanças de atitudes. Neste ponto, considere:

- Estou satisfeito com meu patrimônio ou gostaria de viver em uma casa melhor?
- Ter um carro novo?
- Aumentar meus rendimentos?

Responda com sensatez. Avalie se está insatisfeito por receber menos do que considera justo. Você está utilizando totalmente sua capacidade para que o mercado o valorize como profissional?

QUALIDADE DE VIDA

LAZER: Para uma vida equilibrada, são necessárias pausas entre a rotina semanal. Uma pausa produtiva ajuda na criatividade, e, nesses momentos de descanso, surgem muitas vezes insights importantes sobre como resolver um problema ou se decidir por qual rumo tomar quando se encontra em uma bifurcação decisiva, aquela situação em que se faz necessário optar por uma atividade e abrir mão de outra.

Muitos, devido à rotina "inchada" de atividades, deixam de lado os momentos de lazer. O ócio produtivo é essencial para manter harmonia e começar a semana bem. Deixe horas livres na agenda para realizar aquilo

DO MÉTODO AO MÉRITO

que gosta e lhe traz prazer. Essas atividades restauram o corpo e limpam a mente, renovam a energia para começar a semana com a força necessária para vencer os desafios pela frente.

Quando for avaliar esse quesito em sua vida, pense: "Gasto as horas vagas realizando o que gosto ou perco os fins de semana apenas vendo televisão e pensando no trabalho?" Distancie-se dos problemas para ter uma nova visão do que é necessário para passar pelo obstáculo. Relaxe em um ambiente diferente; faça uma viagem; una o lazer a uma atividade física, e trabalhe dois aspectos da vida ao mesmo tempo.

Espiritual: Um aspecto essencial para se alcançar a qualidade de vida. Por vezes é ignorado ou não lhe é dada a devida atenção. Quando me refiro ao lado espiritual da vida, não falo em ter ou não uma religião. Falo em ter paz de espírito, levar uma vida moral, encostar a cabeça no travesseiro e dormir tranquilamente, pois se encontra feliz interiormente, sabendo que cumpre seu papel sem prejudicar os demais.

Antes de uma transformação externa, o homem deve passar por uma transformação interna. É dentro da consciência de cada um que nascem boas ideias e sentimentos. É essa paz de espírito que gera o entusiasmo para seguir em frente e fazer o que é melhor no momento. O lado espiritual equilibrado serve como alicerce para as demais áreas; ser útil na vida profissional; ser cortês com os amigos e família; cultivar bons pensamentos e emoções. Quando avaliar esse aspecto, leve em consideração quanto tempo gasta em coisas mais elevadas e quanto tempo desperdiça cultivando maus hábitos.

RELACIONAMENTOS:

Família e cônjuge: os familiares trazem a importante estrutura que molda o ser humano desde a infância. É a primeira base de formação humana; transmitem os valores e crenças que regem muitas decisões durante a vida adulta. A boa convivência com pai, mãe, irmãos, filhos, esposa ou marido é, por vezes, um grande teste para cada pessoa.

A pergunta que fica: por que parece, às vezes, ser tão difícil conviver com alguém que é tão próximo? Um dos pontos que deve ser observado é que, em um relacionamento, o entendimento do "eu" (ego) deve ser superado pelo "nós" (self). Essa é a grande oportunidade de cada um desenvolver aquilo que tem de melhor, pensando não somente em si mesmo, mas também em como suas decisões afetam o outro.

Qualquer decisão tomada sempre afetará pessoas do ambiente de convívio, seja no trabalho, na universidade ou entre amigos; porém, dentro do ambiente familiar, essas decisões ganham proporções maiores e podem ser sentidas de forma mais intensa, afinal, todos têm que arcar com a decisão tomada, muitas vezes, individualmente.

Outro ponto é que, quanto mais se conhece cada pessoa, também se conhecem suas virtudes e defeitos, e geralmente olhamos apenas para os defeitos das pessoas. A psicologia coloca que as pessoas que mais nos incomodam são aquelas em que vemos nossos próprios defeitos. O ser humano projeta os defeitos com os quais não consegue lidar no outro, e olhar para seu próprio defeito o incomoda.

A lei que diz que os opostos se atraem funciona para ímãs. Quando se fala em humanos, a grande maioria busca no outro ser humano pontos comuns, seja o gosto por um ambiente, uma música, sonhos, hábitos parecidos e, da mesma forma que se encontram gostos iguais, se encontram defeitos iguais; e, quando se enxerga no outro um defeito que não se superou, aumentam os problemas de convivência.

Quando você avaliar como é o relacionamento familiar, se a nota for alta, reflita sobre os acertos e como manter o bom relacionamento. Se a situação for oposta e não estiver se relacionando como gostaria, não coloque a culpa no outro, assuma a responsabilidade de cumprir a sua parte para uma melhor convivência.

Social: Quando avaliar esta categoria, considere o comportamento social em outros ambientes fora do âmbito familiar.

- Como é a relação com os amigos?
- Com que frequência encontra as pessoas com quem gosta de conversar?

A rede de relacionamentos que se constrói ao longo da vida é um caminho importante para apoiar conquistas e disseminar boas práticas. A troca de experiências ajuda na tomada de decisões mais assertivas, conversar sobre o momento que vive com pessoas de confiança auxilia a enfrentar os desafios que encontrará pela frente.

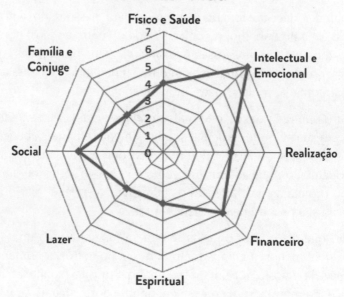

Ao concluir a avaliação de todas as oito áreas, a Roda da Vida vai apresentar um desenho com os pontos conectados. Essa figura pode mostrar maior equilíbrio ou desequilíbrio entre as áreas, como veremos abaixo.

A Roda da Vida é o primeiro indicador de como está nossa situação atual e também serve como um parâmetro para modelar nossa próxima parada. É possível que tenhamos um projeto profissional para conseguir grandes resultados futuros, mas, se durante a avaliação percebermos que nossa saúde está sem atenção nenhuma, não seria a hora de ajustar primeiro esse ponto antes de começar um projeto que demande energia nova? Quando houver uma grande deficiência em alguma das áreas, existe a possibilidade de essa área começar a impactar as demais e deixarmos de avançar por não conseguirmos equilibrar todas elas.

A Roda da Vida vai lhe trazer condições de entender melhor um pouco da situação em que você se encontra hoje, o local onde está e, a partir de onde está, ter mais clareza de para onde quer seguir.

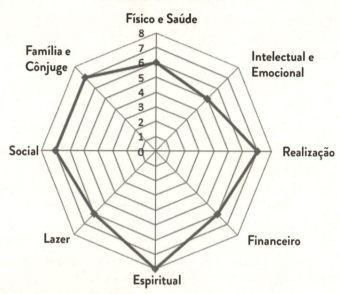

DEFINIÇÃO DO ALVO

Devemos ter alvos em pelo menos três níveis: de curto, médio e longo prazo. Trazendo o paralelo de viagens novamente, ir de São Paulo a Campinas tem uma distância; ir de São Paulo ao Rio de Janeiro tem outra; e ir de São Paulo a Porto Alegre tem outra. Assim, os alvos que você busca terão distâncias diferentes no tempo; alguns estarão a alguns meses de distância; outros, a anos. Excelência é um trabalho de longo prazo e continuado, porém, todo grande trabalho começa de forma pequena; de passo em passo, a excelência é construída.

Para aperfeiçoamento de todo o método, recomendo que dê princípio à definição de um único ponto como alvo. Uma área da vida, um objetivo que possa ser trabalhado, um resultado que possa ser construído e que, depois de conquistado, traga reflexos em todas as demais áreas. Vamos supor que atualmente lhe falte energia, disposição, e isso está comprometendo seu desempenho no trabalho, na convivência com os filhos, na qualidade de vida; e seu próximo alvo é atingir um nível de excelência quanto à sua disposição. Então, você definiu como alvo: **aumentar meu**

DO MÉTODO AO MÉRITO

grau de satisfação em relação à saúde física de três para seis dentro do intervalo de seis meses.

A definição do seu primeiro alvo pode ser feita a partir da Roda da Vida, como no exemplo acima. Pode ser um objetivo que você já tenha em mente, mas ainda não sabe como conquistar. As perguntas abaixo também servem como auxílio para a definição de um alvo.

- Qual é meu maior sonho?
- O que eu faria se não precisasse de dinheiro?

As perguntas acima libertam nosso alvo de crenças limitantes. Às vezes imaginamos que nosso sonho seja grande demais e nem nos atrevemos a começar a vivê-lo, ou então nos impedimos de viver algo porque determinada profissão não traz dinheiro. Com o advento da internet, novas profissões surgem e cada vez mais pessoas encontram maneiras de criar uma renda com o que sabem e gostam de fazer através da internet. Há muitas maneiras de monetizar algo que você goste de fazer e a que não exista uma carreira associada. Hoje existe a possibilidade de você criar sua profissão; não se limite em deixar um sonho para trás só porque acredita que não dá para trabalhar com isso.

Escreva em um pedaço de papel sua resposta para a questão:

"MEU PRÓXIMO ALVO A SER CONQUISTADO É:
_____."

Achar que algo vem de graça é bobagem. Para todo resultado, foi desempenhado um esforço de igual proporção. Reconhecendo que nada vem de graça, responda:

"EM TROCA DA MINHA CONQUISTA, VOU OFERECER AO MUNDO:
_____."

É importante definir o que você vai oferecer em troca daquilo que vai receber. Para se conquistar algo, é necessário trabalho — passo 3 do método —, mas esse trabalho é direcionado para o que você quer conquistar. As pessoas precisam de algo que você sabe, e você oferece isso para elas com excelência. Em troca, você conquista seu alvo, seu objetivo, seja ele reconhecimento, dinheiro, qualidade de vida ou realização profissional.

O MÉTODO ARTE

A INDECISÃO PARA DEFINIÇÃO DE ALVOS

Uma das maiores dúvidas que grande parte das pessoas enfrenta é quanto à definição de um alvo relacionado à carreira profissional. Atualmente, temos um número muito grande de opções de carreira para seguir, o que, ao invés de gerar um viés positivo na vida das pessoas, está gerando frustração e indecisão.

O psicólogo Barry Schwartz explica o paradoxo da escolha — você pode encontrar a palestra dele sobre o tema no YouTube. Ter muitas opções para escolher, ao invés de gerar satisfação e alegria, gera muitas vezes infelicidade e dúvidas.

Quando existem poucas opções disponíveis, é mais comum alguém ficar satisfeito com a escolha feita. Quando muitas opções são apresentadas, elas tendem a ficar com um quadro de paralisia emocional e mental frente a todas as opções, não conseguindo se decidir, e, quando decidem, ficam pensando em todas as outras que abandonaram.

Poucas têm, desde a infância, a clareza do que querem pelos próximos 20 ou 30 anos, como teve Schwarzenegger. E não há problema nenhum nisso. Nossos gostos vão mudando ao longo da vida.

É possível que o estilo de música que você ouvia dez anos atrás não seja o mesmo que agora e que, daqui dez anos, ele mude novamente. É provável que os locais que você frequentava para lazer há dez anos não sejam os mesmos que você frequenta agora.

O problema do paradoxo da escolha não é alterar uma escolha que fizemos em um determinado momento da vida, é nunca ficarmos satisfeitos com as que tomamos, pensando que a outra poderia ter sido melhor.

Dessa forma, não se vive nem a escolha que fez para a vida, nem a que abandonou, mantendo-se em um ciclo contínuo de insatisfação e sem conseguir realizar um trabalho que possa ser levado ao nível de excelência.

Após tomar a decisão sobre seu alvo — e você pode levar o tempo que achar necessário para refletir e experimentar as opções —, chega a hora de viver o alvo. O mito de Orfeu e Eurídice tem algo a ensinar sobre isso.

Eurídice foi morta por uma picada de serpente pouco tempo após ter se casado com Orfeu. Este, que era filho do deus Apolo, inconformado com a morte da esposa, vai até o reino dos mortos buscá-la.

DO MÉTODO AO MÉRITO

Hades, senhor do mundo dos mortos, autoriza que Orfeu resgate sua esposa, mas impõe uma condição: que Orfeu não olhasse para trás até sair do submundo e ver a luz do Sol novamente.

Em sua jornada para libertar a esposa, Orfeu se manteve sempre olhando para a frente, buscando a saída. Quando já próximo à saída, Orfeu olha para trás para conferir se sua esposa ainda o acompanhava. Nesse momento, ela volta ao reino dos mortos, de onde ele não mais poderia buscá-la.

O mito faz alusão a quantas vezes olhamos para trás quando estamos próximos de nossos objetivos. Quantas vezes escolhemos um alvo e depois pensamos: "Como seria se eu tivesse escolhido outra coisa."

Essa dúvida, após feita a escolha, de nada serve para construirmos um trabalho de excelência. Uma vez tomada a decisão, é preciso viver o caminho com nossas forças. É preciso fazer o trabalho necessário para conquistar o alvo, trabalho de que falaremos à frente.

Todas as escolhas têm seus ônus e bônus — tanto para colher os frutos de nossas escolhas quanto para enfrentar seus desafios. É preciso viver nosso alvo. Ficar em constante dúvida sobre sua escolha não vai ajudar em nada a chegar à excelência.

Viva seu alvo e, se um dia decidir que aquele caminho não é mais o que você busca, ajuste sua rota; não há problema nenhum. Ter percorrido o caminho vai lhe trazer ensinamentos e aprendizados, que, se um dia você mudar de caminho, esses conhecimentos o ajudarão a se diferenciar de outros profissionais.

No meu curso online *Coaching de carreira com design thinking*, trato de várias técnicas para quem está com dificuldade em definir um alvo profissional, seja para aqueles que estão iniciando sua carreira, quanto pessoas que buscam fazer uma transição profissional, insatisfeitos com a carreira atual, mas não sabem qual caminho escolher. Uma das técnicas de que falo nesse curso, disponível em www.ouroborostreinamentos.com. br, é a prototipagem de carreira.

Prototipagem nada mais é que criar um protótipo de algo para experimentar, antes de tomar a decisão final. Antes de você comprar um livro, muitas editoras e livrarias disponibilizam a leitura do primeiro capítulo

O MÉTODO ARTE

gratuitamente. No supermercado, quando alguém lhe serve um pedaço de queijo para provar, ele está o ajudando a se decidir por aquele produto.

Prototipagem de carreira testar aquela profissão em que você tem interesse antes de se decidir por uma transição. Você pode iniciar essa prototipagem conversando e entrevistando profissionais da área para descobrir mais sobre as suas rotinas e entender se é isso mesmo que você quer.

Se você quer empreender, pode prototipar trabalhando na área. Em vez de logo investir para abrir um restaurante, vá trabalhar em um para saber se você gosta da rotina, da forma de trabalho. Você pode oferecer seu trabalho de forma voluntária em uma área que pensa em atuar profissionalmente.

Nesse momento, você está apenas fazendo o teste, não está ali para construir sua carreira. A finalidade da experiência é compreender se aquele alvo profissional tem relação com suas expectativas.

Em vez de investir quatro anos estudando biologia e depois buscar uma vaga para trabalhar em zoológicos, como você sonha, por que não fazer um teste por algum tempo em uma entidade sem fins lucrativos que cuida de animais, ou mesmo no zoológico da cidade, e compreender se é isso mesmo que quer profissionalmente?

A ideia da prototipagem é fazer você economizar tempo, em vez de passar anos se preparando para trabalhar em uma área e depois descobrir que não era aquilo que imaginava. Você faz um pequeno modelo de como vai ser sua carreira na área e, se por acaso se sente bem, investe seu tempo para aprender e seguir o caminho da excelência profissional na sua escolha.

DO MÉTODO AO MÉRITO

LEONARDO DA VINCI

Os caminhos para a excelência se abrem nas mais distintas paisagens. Alguns, por terem nascido em uma situação favorável, podendo encontrar seu caminho na influência familiar. Os resultados que Jorge Paulo Lemann conquistou na vida não podem ser atribuídos aos seus familiares, mas ter tido acesso a uma educação de alto nível, graças à sua família, colaborou para ampliar sua visão de negócios e, assim, construir seu caminho no futuro.

Nem todos que tiverem o mesmo nível educacional que Lemann produziram os mesmos resultados que ele. Ter abandonado Harvard para fundar a Microsoft se mostrou uma escolha certa para o sucesso de Bill Gates no mundo empresarial. Ainda assim, na infância de Gates, a boa educação o levou desde cedo a trabalhar com programação de software, o que ajudaria no caminho que escolheu na vida adulta.

Algumas pessoas talvez questionem: "Poxa, então ter acesso a uma boa educação na infância faz diferença para chegar a excelência?" A educação sempre fará diferença na busca pela excelência, mas não está relacionada apenas aos estudos formais: ensino fundamental, ensino médio, ensino superior. A educação é todo o conjunto de coisas que buscamos para nos aprimorarmos como seres humanos.

Durante esta leitura, você está melhorando seu nível educacional. Posteriormente, para continuar na evolução para a excelência, você

O MÉTODO ARTE

precisa praticar os conceitos aprendidos aqui. A prática é outro passo para a educação. Após fazer o que foi aprendido, você vai obter um resultado mais real sobre seu conhecimento, saber realmente o que aprendeu e o que ainda não aprendeu.

Analisar os resultados do que foi aprendido é um passo fundamental para atingir seu alvo. Na grande maioria das vezes, você não atinge seu objetivo de primeira, então, deve analisar cuidadosamente os resultados obtidos para entender o que deu certo e o que deu errado, para, só então, atuar corrigindo e melhorando os resultados apresentados.

Ter a mentalidade voltada a um processo contínuo de educação é fundamental nessa jornada para se superar. Por isso, neste capítulo, vamos falar de um grande artista renascentista: Leonardo da Vinci.

Leonardo foi filho bastardo de Piero, um tabelião da cidade de Vinci, região próxima a Florença, na Itália. De sua mãe, sabe-se pouco, mas alguns estudiosos apontam

para uma camponesa de nome Caterina, que deveria ter entre 15 e 16 anos na época do nascimento do artista.

O que poderia prestar contra o processo educacional desse que é considerado um dos maiores gênios da humanidade, provavelmente foi um dos importantes fatores para que ele se tornasse quem se tornou.

Quando vemos o contexto em que Leonardo nasceu, no ano de 1452, o esperado é que os filhos seguissem a profissão dos pais. E esse seria o destino de Leonardo, mas, como filho bastardo, não precisou seguir o mesmo caminho, tendo liberdade para desenvolver suas habilidades e aplicá-las em outras áreas.

Leonardo é o que hoje chamamos de polímata, uma pessoa que não detém o conhecimento de uma única área. Por vezes ele é citado como: cientista, matemático, engenheiro, inventor, anatomista, pintor, escultor, arquiteto, botânico, poeta e músico. Da Vinci é um alento para pessoas polímatas, as que

DO MÉTODO AO MÉRITO

amam fazer muitas coisas, e que por vezes são criticadas por isso.

Ele não foi um homem que se limitou a estudar e aprender sobre uma única área; e esse interesse por várias áreas trouxe excelência ao trabalho dele. Os estudos de anatomia contribuíram para que cada vez que fosse pintar ou desenhar um músculo, o fizesse com mais precisão.

O estudo da botânica fez com que, ao pintar paisagens, não colocasse elementos sem coerência com aquela natureza sendo retratada. Essa característica pode ser observada em outros artistas do Renascimento, que ampliaram suas áreas de estudos para trazer mais realismo a suas obras.

Durante toda a vida, Leonardo foi um autodidata, alguém que busca estudar e aprender por conta própria — o que não significa que não possa ter nenhum professor em algum momento. Ao 16 anos de idade, entrou como aprendiz no ateliê do pintor Verrocchio, um renomado artista de Florença.

Ter um mestre lhe ensinando o ajudou, assim como essa é uma estratégia importante para qualquer ser humano que queira obter resultados na vida. Lembra-se do conceito de benchmark que vimos anteriormente? Aprenda com os melhores. Ainda assim, só isso não basta para alcançar o alto desempenho.

Leonardo teve discípulos na pintura, mas nenhum deles conseguiu alcançar a obra de seu professor. Conta-se uma anedota de que, na obra *O Batismo de Cristo*, pintura de seu mestre Verrocchio, este, ao ver o anjo pintado por Leonardo na sua obra, decidiu ali nunca mais pintar nada, tamanho era o talento de seu pupilo. Provavelmente apenas um exagero, mas as obras feitas com técnicas e visões à frente de seu tempo eram comuns na forma de Leonardo se expressar.

Se a educação recebida no ateliê não formou vários artistas iguais a Da Vinci, e se, mesmo seus discípulos recebendo o ensinamento direto do

O MÉTODO ARTE

mestre não conseguiram produzir resultados tão bons, quais seriam, então, as características desse gênio renascentista autodidata para ter chegado à excelência artística e colaborado com avanços em outras áreas da humanidade?

Leonardo demonstrava sede por conhecimento. Durante sua vida, deixou mais de 7 mil páginas escritas — considere isso em uma época em que o papel era caro. Em suas anotações, escrevia as coisas que aprendia durante o dia e aquelas que precisava aprender. Em um de seus cadernos, do ano de 1490, podemos ver em sua lista de afazeres tarefas como:

- Desenhar Milão
- Conseguir um mestre de aritmética para mostrar como calcular a área de um triângulo
- Encontrar um livro que trata de Milão e suas igrejas
- Encontrar Brera Friar (no mosteiro Beneditino de Milão)
- para mostrar-lhe De Ponderibus — um texto medieval sobre mecânica
- Calcular as medidas de Milão e subúrbios

Listei apenas cinco dos 15 itens escritos no caderno. Com esses cinco itens, já podemos aprender um pouco sobre seu comportamento autodidata. Ele coleta as informações de que precisa para chegar ao seu alvo. Busca informações em livros ou com pessoas que entendem de uma área. Com essas diversas fontes de informação, ele foi construindo o caminho até seu objetivo.

Hoje temos fácil acesso à informação; mesmo assim, muitas vezes ficamos estagnados reclamando de não saber como chegar ao nosso objetivo. Será que já pesquisamos em todos os livros possíveis? Já buscamos conteúdos em cursos online e presenciais? Já falamos com professores sobre nosso problema? Já entramos em grupos de discussão na internet para deixar nossa dúvida?

DO MÉTODO AO MÉRITO

É possível que nosso problema em chegar ao objetivo seja, principalmente, por falta de ação direcionada — fazer-aprender-melhorar-voltar a fazer — do que pela falta de conhecimento ao longo do caminho.

Mesmo com a dificuldade de acesso ao papel, Leonardo sempre andava com um caderno, onde resumia suas anotações — para economizar o espaço disponível. Hoje temos quanto espaço desejarmos para escrever no celular que levamos de um lado para o outro; mesmo assim, são poucas as pessoas que utilizam esse recurso para anotar novas ideias ou coisas a serem pesquisadas no futuro.

Leonardo observava atentamente as coisas ao seu redor e as desenhava ou anotava; sabia que no futuro usaria aqueles detalhes em uma de suas obras. Muitas oportunidades podem estar escondidas em pequenos desafios do nosso dia a dia, coisas que não prestamos a devida atenção e que poderiam gerar oportunidades de negócios no futuro.

São vários os exemplos de pessoas que observaram problemas cotidianos e criaram empresas para resolvê-los. Para isso ser possível, é preciso olhar atentamente, ter esse olhar do artista, e deixar a criatividade fluir em busca de uma resposta ou solução.

Eu sei que na escola muitas vezes somos "podados" a não pensar em ideias novas. Não sugerir mudanças ou até nos sentirmos envergonhados de perguntar algo. Esse tipo de atitude precisa ser substituída por um comportamento curioso. Um comportamento que faça perguntas novas, não aceite a mesma forma de pensar, procure jeitos melhores para fazer as mesmas coisas. Pessoas de excelência são aquelas que não se conformam em fazer as coisas do mesmo jeito, se elas podem ser feitas de um jeito melhor. "Pobre é o discípulo que não excede seu mestre."

LEONARDO DA VINCI ■

CAPÍTULO 8

Segundo passo do Método ARTE: Responsabilidade

> "O que eu faço é uma gota no meio de um oceano. Mas, sem ela, o oceano será menor."
>
> MADRE TERESA DE CALCUTÁ

Não há resultados sem algum tipo de esforço, e esforço está atrelado à responsabilidade. O primeiro passo é a definição de "aonde quero chegar", ter clareza de onde se encontra e para qual direção caminha. O primeiro passo é peça fundamental para atingir a excelência, mas só ficar nele é o mesmo que se manter no Nível 2, quando falamos no Capítulo 3 sobre ser um profissional preparado, mas que não sai do platô. Quando definimos o alvo, pedi também para que você definisse o que vai oferecer ao mundo em troca da sua meta. Essa parte é fundamental para o segundo passo.

A própria origem do termo *responsabilidade* no latim significa "garantir em troca". Responsabilidade está atrelada à lei de ação e reação. "Você pode escolher o que semear, mas é obrigado a colher o que plantou." Ser responsável é reconhecer que os resultados que colhe hoje são frutos de ações ou da inação em algum momento passado.

Temos o poder de construir nosso caminho e construir a nós mesmos durante o caminho. Nosso grande aprendizado durante a vida é esse tra-

DO MÉTODO AO MÉRITO

balho de construção de nós mesmos, mas isso não se torna possível sem assumir a responsabilidade pela própria construção.

Outras pessoas podem mostrar o caminho, compartilhar a experiência, mas ninguém pode percorrer o caminho por ninguém. Se você quer algo, precisa ir atrás.

Uma única coisa define de forma concreta se alguém vai atrás do alvo que mirou: suas ações. Para agir, precisamos assumir as responsabilidades pelo nosso resultado. A grande maioria não age porque não quer encarar o fato de que, ao agir, está suscetível a cometer erros, a conviver com o fracasso, e os resultados que vierem terão sido fruto de suas ações. São de sua responsabilidade o acerto e o erro em um projeto.

Ao não querer conviver com o erro, deixa-se a oportunidade de conviver com o acerto. Se algo está ruim, é mais fácil para o pensamento comum achar culpados, dizer que a responsabilidade é de alguém da família, do sistema político, dos impostos, da sazonalidade. Tudo isso pode parecer confortável ao pensamento, mas, na verdade, tudo são grilhões que aprisionam o ser humano onde está. Quando se aceita que sua vida está sujeita a fatores externos, você transfere sua responsabilidade para um desconhecido, que, mesmo que o ame e queira seu bem, não pode fazer o caminho por você.

Seu alvo é sua bússola, ela indica o sentido que você tem que seguir. Já tratamos dos comportamentos vigaristas e das crenças limitantes que podem impedi-lo de seguir por esse caminho. Se ainda existe algum pensamento ou comportamento desse tipo, agora é a hora de trazê-lo à luz. Veja esse comportamento e assuma a responsabilidade de seguir em frente, prove que o que o bloqueia hoje são ilusões criadas por desconhecer o caminho. Não importa o quão íngreme o caminho possa parecer à sua frente, assuma a responsabilidade de iniciar sua subida. Em vez de ficar olhando o topo da montanha, você deve olhar para o próximo passo que precisa dar.

Durante a vida você pode se deparar com decisões erradas ou acertadas que tomou. Em ambos os casos, você é responsável pelos resultados que forem gerados. Seus acertos são frutos de seus estudos, da sua experiência de vida, de sua coragem de tomar decisões. Seus erros são frutos de seus estudos, da sua experiência de vida, de sua coragem de tomar decisões.

SEGUNDO PASSO DO MÉTODO ARTE: RESPONSABILIDADE

ACERTOS E ERROS TÊM RAÍZES IGUAIS, A DIFERENÇA ESTÁ NO FRUTO PRODUZIDO.

Se os frutos produzidos não forem os que você esperava colher, essa é a oportunidade para plantar novas sementes; mas, nesse processo, você deve levar o aprendizado que recebeu na última tentativa, a experiência acumulada para corrigir o que precisa ser corrigido.

Se nada vem gratuitamente, ser responsável é compreender essa máxima e então assumir o compromisso de que seus méritos sejam válidos. Muitas mãos podem estar estendidas a você, mas aquela mão que pode segurar em outra está no final do nosso braço. A responsabilidade tratada neste capítulo é a atitude que o afasta de dois grandes males para o desenvolvimento da excelência:

VITIMISMO ■ Achar-se vítima de tudo. Se não alcança um cargo em uma empresa, é culpa do chefe; se não aumenta o faturamento, é culpa da crise; perdeu a vaga na entrevista, a desculpa é que não conseguiu estudar inglês quando era mais jovem. Vitimismo não forma gente excelente. Gente excelente se forma se questionando: "Como eu faço para que meus talentos se sobressaiam ante minhas debilidades?", ou "Como eu minimizo meus pontos fracos a partir de agora?"

Tenha a mente focada em soluções. Talvez você já tenha presenciado uma experiência de começar a pesquisar algo para comprar, por exemplo, um novo modelo de carro, então, após comprá-lo ou mesmo durante a pesquisa, começa a reparar em quantos modelos daquele carro há na rua. Ver vários modelos como esse na rua lhe parece um fato novo, porque, antes de se interessar por ele, não havia percebido tantos em circulação. Esse fato acontece devido ao foco da atenção. A partir do momento em que você trouxe um objeto para seu centro de atenção, passou a perceber o quanto ele o cercava no dia a dia e você nem percebia.

Com os problemas e soluções, vai se dar o mesmo na sua consciência. Quanto mais você focar no problema que uma situação apresenta, mais problemas você vai enxergar em tudo, caindo, assim, no vitimismo. Quanto mais você procurar encontrar soluções, mais capacidade de enxergar soluções vai desenvolver. Pessoas com desempenho mediano e com desempenho excelente têm, no mínimo, a mesma quantidade de problemas;

DO MÉTODO AO MÉRITO

a questão é a forma como cada uma delas aprendeu a lidar com suas dificuldades.

CULPABILIDADE ■ Culpar-se por tudo. Ficar se culpando pelo que deu errado; acreditar que não vai dar certo da próxima vez que fizer algo; se deprimir porque fez algo que não funcionou; nenhuma dessas atitudes vai mudar em nada o resultado. A culpabilidade é mais uma forma de inércia, e a cura para esse mal é a responsabilidade. Se algo deu errado, se responsabilize para corrigir. Ficar se culpando, além de não corrigir nada, lhe tira a oportunidade de fazer algo bom.

Essas duas atitudes são responsáveis por roubar belas oportunidades. Há de se manter atento, pois são comportamentos vigaristas que querem unicamente mantê-lo parado onde você está. Observe que esses comportamentos podem ser frutos de: baixa autoestima, necessidade de atenção, convívio com pessoas de mesmo comportamento. A responsabilidade, nessas horas, vai apoiá-lo no autoconhecimento; o ajudarão a ver onde estão as raízes do comportamento que não produz resultados na sua vida; e, com comprometimento responsável por uma melhoria, vai lhe permitir aos poucos substituir os velhos comportamentos por outros mais eficientes e melhores, de maneira geral.

Convido você a responder às três questões abaixo:

1. O grande responsável pelos meus resultados é: _____.
2. O que eu posso fazer hoje para resolver meu problema é: ____.
3. A partir de hoje, cada vez que for cair na vitimização, vou substituir essa atitude prejudicial por: _____.

Responsabilidade para alcançar a excelência em tudo que fazemos.

AUTORRESPONSABILIDADE

Muitas vezes nossa educação é baseada em uma vivência que parte do princípio de que existe alguém que manda e alguém que obedece. Se não há ninguém mandando fazer algo, não há ninguém fazendo.

Apesar de ser uma educação atrasada e que não vai desenvolver a autorresponsabilidade no indivíduo, ainda é muito utilizada atualmente. Vemos exemplos nas escolas, em que o professor precisa passar um traba-

SEGUNDO PASSO DO MÉTODO ARTE: RESPONSABILIDADE

lho aos alunos ou mandar estudarem um tema que vai cair na prova para que eles tenham a iniciativa de pesquisar, ler e estudar o assunto.

Dentro das famílias, muitos pais educam os filhos baseados na dor ou na recompensa. Se você não fizer isso, vai apanhar. Se você quer um videogame de presente, precisa tirar boas notas.

O problema da educação formada só nesses princípios é criar adultos que ficam esperando uma ordem para que algo seja feito ou tenham uma recompensa pelo trabalho que precisam fazer.

Cada vez mais empresas colocam na descrição de suas vagas a palavra: proatividade. As empresas buscam e precisam de gente proativa, ou seja, pessoas que buscam fazer algo sem que alguém precise ficar mandando.

O mercado de trabalho não quer mais pessoas que só fazem o que lhes é pedido; precisam de pessoas que façam mais. Sem isso, a concorrência vai engoli-las.

Se um funcionário vê uma sujeira no chão, sendo proativo, ele toma a iniciativa de recolhê-la. Não fica esperando alguém pedir para que o faça; ele vê o problema e resolve. Se o funcionário vê uma oportunidade de melhoria, ele fala com o chefe, toma a frente do projeto, sugere soluções, começa a trabalhar na solução.

Essa proatividade cada vez mais procurada pelas empresas é fruto de um indivíduo que desenvolveu sua autorresponsabilidade. Autorresponsável é a pessoa que não transfere sua responsabilidade para os outros, é a que assume seus erros e se compromete em corrigir, é a que está comprometida com a evolução contínua das coisas que faz.

O psicólogo Julian Rotter desenvolveu um estudo que é denominado como Locus de Controle. Nesse estudo, ele demonstra que as pessoas têm locus de controle interno ou externo.

Pessoas com locus — "local" — de controle externo são aquelas que costumam responsabilizar fatores externos por seus sucessos e fracassos. Muitas vezes isso é causado por influência cultural e familiar. Essas pessoas responsabilizam mais vezes o governo, Deus, a economia, os pais ou professores. Elas buscam em fatores externos os culpados por seus resultados.

Culpando fatores externos é muito mais difícil mudar. Se a culpa por um resultado financeiro, de relacionamento, profissional ou de saúde é

DO MÉTODO AO MÉRITO

atribuída a um fator exterior, a chance é que o problema persista. Isso não significa que fatores externos não nos influenciam, significa que podemos decidir quem é o responsável pelo resultado e, assim, nos esforçarmos para mudar o que for possível.

Um exemplo é o estudo Tendência do lócus de controle de pessoas diabéticas (1993). O estudo sugere que pessoas diabéticas têm maior tendência a locus externo. Ao não assumir a responsabilidade pela saúde, elas demoram mais para tomar as decisões necessárias para corrigir seus problemas.

Pessoas com o locus de controle interno são aquelas que se sentem mais responsáveis por seus resultados, sentem que têm mais controle sobre a própria vida. Assim, elas focam no que podem fazer para mudar uma situação, em vez de culpar situações externas; elas vão se apoiar internamente para contornar o cenário que vivem.

O locus interno evoca a autorresponsabilidade, é procurar fazer o seu melhor. Um atleta não pode saber se vai chover no dia do jogo. Se chover e seu time perder, culpar a chuva pelo resultado não muda nada — isso é apenas o locus externo.

Se preparar para jogar bem em condições de chuva é locus interno. Mesmo que o time perca na chuva, o locus interno não vai culpar a chuva. Vai olhar para a partida e ver o que ele pode melhorar.

Responsabilizar-se pelos próprios resultados vem junto com outra palavra importante no caminho para a excelência: autodisciplina. Motivação não é suficiente para levá-lo a resultados extraordinários, é preciso disciplina.

As pessoas que vemos nesta obra têm a autorresponsabilidade e a autodisciplina para construir os resultados que precisam. O caminho para atingir a disciplina de fazer o trabalho que precisa ser feito, quantas vezes forem necessárias, até chegar a excelência, passa pela autorresponsabilidade.

Mudar uma forma construída como vemos o mundo construída há muitos anos não é fácil, mas é necessário para quem busca melhores resultados. Analise seus atuais comportamentos, veja onde está seu locus de controle. Traga cada vez mais para sua responsabilidade o compromisso com a excelência.

Acredite na sua competência para mudar os resultados que quer na vida. Responsabilize-se para fazer diariamente o trabalho necessário para levá-lo a grandes resultados.

TENZIN GYATSO, 14º DALAI LAMA

Ser expulso do próprio país; ver seu povo sendo oprimido; sua cultura, destruída; milhares de conterrâneos sendo mortos; de rei, passar a refugiado. Vamos falar um pouco sobre a história de Tenzin Gyatso, o 14º Dalai Lama.

Apesar de ser um rosto bem popular na mídia, uma figura que ganhou destaque mundial, principalmente após ser agraciado com o Prêmio Nobel da Paz, em 1989, antes de tratar de sua vida, é válido contextualizar um pouco sobre o Tibete e o Dalai Lama.

O Tibete é uma região com mais de 1,2 milhão de km², próximo ao tamanho do estado do Pará. Alguns países que fazem fronteira com essa região são: Índia, Butão, Nepal e China. Essa é a região mais alta do mundo, tendo altitude média de 4,9 mil metros acima do nível do mar.

Sua localização é geograficamente estratégica, sendo historicamente disputada por vários países. Chamo de região, pois atualmente está anexada à China, e é nesse ponto que a história do homem de que vamos tratar foi impactada.

O Dalai Lama é o título do líder espiritual e político tibetano, até a invasão chinesa. O Tibete do início do século XX era uma região sem desenvolvimento tecnológico, com hábitos de vida simples e voltada ao desenvolvimento espiritual.

A religião Tibetana é o budismo vajrayana. Ela é o pilar da cultura e maneira de viver dos tibetanos. Aquele que governava o país era o líder espiritual. Milhares de monastérios

DO MÉTODO AO MÉRITO

ocupavam a região, sendo que 10% da população era composta por monges.

A crença tibetana diz que o líder espiritual, o Dalai Lama, reencarna após morrer para continuar sua missão de governar o Tibete. Na crença budista, a evolução espiritual é alcançar o estado de iluminação e, para isso, a alma reencarna várias vezes até alcançar esse estado.

O Dalai Lama é, de acordo com sua a crença, a reencarnação do *bodhisattva* da compaixão, uma alma que atingiu a iluminação se libertando das dificuldades terrestres, mas retornou por vontade própria para continuar ajudando os outros seres humanos.

Essa contextualização é necessária para entender o papel de um Dalai Lama na cultura tibetana, da religião para esse povo e como Tenzin Gyatso faz parte de tudo isso.

Com a morte do 13º Dalai Lama, em 1933, o Tibete ficou sem o seu líder. Aguardavam, então, que, em algum momento, ele reencarnasse

para voltar a comandar o país. Foi em 1937, quando monges procuraram pelo país a reencarnação de Dalai Lama, que um garoto de cerda de 2 anos, chamado Lhamo Dondrub, nascido em Taktser, foi achado e levado a Lhasa, capital do Tibete.

Seu reconhecimento oficial como Dalai Lama e sua mudança de nome para Tenzin Gyatso aconteceram em 1940. Antes de completar 5 anos, aquela criança era eleita líder do país. Sua educação e preparo começaram cedo, mas teve que assumir todas suas obrigações no ano de 1950, com apenas 15 anos, quando 40 mil soldados invadiram a região.

No ano seguinte, um acordo foi assinado em Pequim, no qual representantes do Tibete declaram a soberania da China sobre o país, tratado esse que o Dalai Lama repudiou, dizendo que os representantes foram forçados a assinar.

Em 1959, o povo tibetano se revoltou na capital temendo que o governo chinês fosse fazer algo contra Tenzin Gyatso e, após disparos de

SEGUNDO PASSO DO MÉTODO ARTE: RESPONSABILIDADE

morteiros contra o palácio do Dalai Lama, ele se viu obrigado a deixar o país.

Em uma viagem que durou 13 dias, o Dalai Lama abandonou Lhasa vestido de soldado para não ser identificado e percorreu o Himalaia em direção à fronteira com a Índia, onde foi aceito como refugiado.

Na Índia, o jovem, com então 23 anos, esperava apoio contra o domínio chinês na região. Nehru, o primeiro-ministro da Índia, foi solidário com ele e com os refugiados tibetanos, mas disse que não poderia se envolver em ações contra a China.

Esse jovem de apenas 23 anos, educado dentro do palácio por toda uma vida para ser líder espiritual de um país, se viu expulso e perseguido. A China governada por Mao Tse Tung não aceitava a religião e, assim, toda a cultura do povo tibetano corria risco de desaparecer.

Por vezes, queremos mais poder, mas não queremos a responsabilidade que o poder exige. Em Homem Aranha, o Tio Ben diz para o Peter Parker: "Grandes poderes exigem grandes responsabilidades", um ensinamento precioso para o jovem herói.

Pessoas que detêm poder, mas não cumprem as responsabilidades devidas, causam grande sofrimento às demais que dependem de suas decisões. Pessoas de poder normalmente são líderes, formais ou informais, de um grupo ou organização. Como tal, estão influenciando outras a todo momento; por isso, é necessário o dobro de responsabilidade. Deve-se ter a responsabilidade para fazer as coisas que precisam ser feitas para chegar aos seus objetivos, e a responsabilidade para ajudar os demais.

Homens e mulheres de excelência ao longo da história mostraram essa característica, se responsabilizando por seus resultados, mas também pelo que seus resultados podem causar nos outros e como gerar resultados positivos para a humanidade com sua ação no mundo.

DO MÉTODO AO MÉRITO

Tenzin Gyatso poderia renunciar ao seu cargo de líder do Tibete, afinal, seu país havia sido incorporado por outro. Sem sua obrigação com o Tibete, ele poderia se dedicar unicamente ao caminho espiritual.

Mas ele sentia uma responsabilidade moral com seu país. Era a figura em que seu povo depositava a esperança; se ele desistisse, todos perderiam a esperança. Então, sem o apoio de nenhum país, ele começou seu governo no exílio.

Por quase oito anos permaneceu na Índia, até sua primeira viagem ao exterior, em 1967, quando discursou sobre a independência do Tibete, sempre com os princípios de não violência. Com a morte de Mao Tse Tung, imaginou que as coisas poderiam mudar a favor da sua nação.

Foi para os EUA 20 anos após o início do exílio, sempre com o discurso de paz, direitos humanos e não violência. Em 1989 é agraciado com o Prêmio Nobel da Paz por seu trabalho humanitário.

Os convites para viajar o mundo aumentaram desde então; oportunidades em que esteve com personalidades de diversos países. Seu jeito sorridente, sua luta pacífica por um Tibete, não independente, mas autônomo, onde seu povo pudesse viver e praticar sua cultura.

Mais de 5 mil mosteiros foram destruídos pelo exército chinês; muitos tibetanos foram mortos; mesmo assim, o Dalai Lama manteve sua responsabilidade de lutar pela liberdade de seu povo de forma pacífica.

A excelência permite deixar um legado nas mais diversas áreas. O 14º Dalai Lama deixou para o mundo seu legado de paz e não violência graças ao objetivo de lutar pelo seu país, de ter responsabilidade com seu povo, de trabalhar duro e melhorar a cada dia. "Sem inimigo não se aprende paciência e tolerância. O inimigo é um mestre para o nosso desenvolvimento espiritual."

TENZIN GYATSO ■

CAPÍTULO 9

Terceiro passo do Método ARTE: Trabalho

> "No que diz respeito ao empenho, ao compromisso, ao esforço, à dedicação, não existe meio termo. Ou você faz uma coisa bem-feita ou não faz."
>
> AYRTON SENNA

Antes de iniciar o terceiro passo, vamos relembrar os dois anteriores: alvo e responsabilidade. Para chegar à excelência, obter sucesso em um empreendimento, aumentar sua produtividade, antes de tudo, você precisa definir seu "alvo". O que precisa ser melhorado, qual é o resultado que você quer obter, qual área está mais carente e por isso gerando infelicidade em sua vida atualmente. Definido isso, você precisa se responsabilizar por iniciar uma mudança. A mudança não vem se você não for uma peça para acontecer a mudança.

A mão que vai girar a roda da mudança é a sua. No começo, são necessárias mais força e vontade para girá-la. Tudo que está inerte tende a permanecer inerte, mas, depois que o movimento começa, você vai precisar aplicar uma força diferente. No começo, você precisa colocar energia para movimentar as coisas, depois, vai pôr energia para direcioná-las e garantir que elas sigam na direção que você espera, e não em outra. De-

DO MÉTODO AO MÉRITO

pois que a roda da mudança começar a girar para você, será preciso ter mais atenção e inteligência para guiá-la do que força para fazê-la girar. Lembre-se da primeira lei de Newton: o que está em movimento tende a continuar em movimento, o que está parado tende a continuar parado. Para se colocar em movimento, é necessário assumir a responsabilidade pelos atos e omissões frente às situações.

Esse movimento é o que tratamos no Método ARTE como "trabalho". Trabalho, em nosso método, é toda ação de um ser humano em uma direção. Mas aqui não falaremos de qualquer trabalho.

Para chegar à excelência, o que consideramos é o trabalho direcionado para nosso alvo.

Vamos descrever três etapas que constituem um bom trabalho.

PRIMEIRA ETAPA: MAPEAR TALENTOS, FRAQUEZAS, OPORTUNIDADES E RISCOS

- Quais dificuldades podem se apresentar para você quando seguir em direção ao seu alvo?
- Quantas oportunidades existem para serem aproveitadas?
- O que pode atrapalhá-lo a conquistar seu alvo?
- O que você tem que pode ajudar na conquista do seu alvo?

As respostas a essas perguntas correspondem ao que se chama de planejamento estratégico. A técnica que veremos a seguir é conhecida como análise SWOT, inicialmente utilizada dentro de empresas para gestão estratégica e previsão de cenários. Trata-se de uma ferramenta simples e pode ser aplicada na vida pessoal para auxiliar em decisões futuras e ações imediatas.

ANALISAR OS PONTOS EM RELAÇÃO AO ALVO TRAÇADO		
INTERNOS	1 - PONTOS FORTES	2 - PONTOS FRACOS
EXTERNOS	3 - OPORTUNIDADES	4 - AMEAÇAS

TERCEIRO PASSO DO MÉTODO ARTE: TRABALHO

Existem dois quadrantes nessa matriz. O primeiro trata de fatores internos, ou seja, são seus pontos fortes e seus pontos fracos. A segunda parte trata de fatores externos, que são situações que o macroambiente oferece que podem ajudar ou dificultar na realização do alvo. Pegue uma folha de papel e responda as questões abaixo para compreender mais sobre seu estado atual.

PONTOS FORTES:

- Quais são seus talentos para chegar ao alvo?
- O que você faz com facilidade em relação ao alvo que para as outras pessoas é difícil?
- Em que as pessoas costumam pedir sua opinião em relação ao seu alvo?
- Quais são suas habilidades técnicas e comportamentais que auxiliam a alcançar o alvo traçado?

PONTOS FRACOS:

- Qual é o principal defeito que pode atrapalhá-lo a conquistar seu alvo?
- Que atividade relacionada ao seu alvo você não gosta de realizar?
- Que habilidade técnica e comportamental precisa aprender ou melhorar para alcançar seu alvo?

OPORTUNIDADES:

- Como sua rede de relacionamento pode ajudá-lo alcançar o alvo?
- Como as mídias tradicionais e internet podem apoiá-lo no alcance do seu alvo?

DO MÉTODO AO MÉRITO

- Existe alguma novidade de mercado surgindo que possa impactar positivamente seu alvo?

- Existe alguma ação governamental que possa ser vantajosa para você alcançar seu alvo?

AMEAÇAS:

- Como a mídia tradicional ou internet podem impactar negativamente no alcance do seu alvo?

- Existe alguma ação governamental que venha a impactar negativamente no alcance seu alvo?

- Existem formas de o ambiente externo tirar vantagem de algum ponto fraco seu?

- Existe alguma mudança de mercado que pode fazer com que o que você faz hoje em direção ao seu alvo se torne obsoleto?

Essas são algumas ideias para ajudar a preencher a matriz SWOT. Não se limite apenas a elas; liste o que mais achar necessário sobre os quatro pontos e como eles podem ajudar ou impactar na conquista do alvo, seja hoje ou no futuro.

SEGUNDA ETAPA: TRAÇAR SUA ROTA DE AÇÃO

Nossa função no terceiro passo do Método ARTE é desenvolver uma forma de trabalho que seja eficiente e eficaz. Assim sendo, é preciso produzir o resultado que esperamos, chegar ao alvo e cortar os desperdícios no caminho. Antes de começar a caminhar, conhecer previamente como podemos usar nossos pontos fortes e aproveitar as oportunidades maximiza nosso rendimento; da mesma forma como tomar ciência de nossos pontos fracos e dos riscos que temos em uma empreitada possibilita se antecipar aos problemas, agindo antes que eles aconteçam.

Isso é transformar riscos em oportunidades. Imagine que uma nova tecnologia vai entrar no mercado e afetar diversas empresas de um setor. Quem mapeou essa ameaça e traçou um plano de ação vai estar

TERCEIRO PASSO DO MÉTODO ARTE: TRABALHO

pronto para quando isso acontecer. Enquanto os concorrentes estarão reclamando do problema, a empresa que se antecipou estará vendendo soluções para seus concorrentes; ela faz dinheiro com seus próprios concorrentes. Após fazer a análise estratégica da etapa anterior, está na hora de traçar o caminho até o alvo. Esse caminho deve ser feito da seguinte forma:

ALVO TRAÇADO – TEMPO 1 ANO	
PASSO 11	Meta que preciso conquistar para alcançar meu alvo
PASSO 10	Meta que preciso conquistar para concluir o passo 11
PASSO 9	Meta que preciso conquistar para concluir o passo 10
PASSO 8	
PASSO 7	
PASSO 6	
PASSO 5	
PASSO 4	
PASSO 3	
PASSO 2	
PASSO 1	
HOJE	ESTADO ATUAL

Seu caminho deve começar por escrever no topo de uma folha de caderno, um pedaço de papel ou uma planilha de computador o alvo que você definiu e o tempo que vai levar para a conclusão. A tendência de desistirmos de objetivos traçados no longo prazo é maior do que dos objetivos que traçamos no curto prazo. Muitas vezes uma meta que traçamos pode parecer grande demais; isso porque nos falta a cultura de dividir as coisas em pequenas partes.

Imagine que o seu prato preferido de comida foi servido para você. Apesar de ser sua comida preferida, você não pode simplesmente comer tudo com um único bocado. Vai comer aos poucos, bocado por bocado; nenhum desses bocados será maior do que a colher ou o garfo pode suportar. Deveríamos agir da mesma forma com nossos objetivos, pegar um objetivo grande e dividi-lo em pequenas partes, para que possamos garantir a sua conclusão.

DO MÉTODO AO MÉRITO

O primeiro benefício de dividir um alvo grande em partes menores é conseguir medir se estamos no caminho certo. Para sair do ponto A até o C, antes você teve que passar pelo ponto B. Se, em algum momento, você não vir o ponto B no caminho, significa que está indo na direção errada. Muitas vezes queremos sair do ponto A e chegar ao Z, mas só paramos muito à frente para nos perguntar em que parte do caminho estamos e às vezes seguimos em uma direção tão errada, que gastamos muito tempo para voltar à rota.

Ter definido os pontos que devemos encontrar no caminho é uma forma de saber se estamos na direção certa ou seguindo na errada e ajustar, se necessário, antes que se perca muito tempo. A segunda vantagem de dividir um alvo em partes menores é manter a motivação para continuar em frente. Talvez você só encontre seu alvo daqui a um ano, mas ver mês a mês uma conquista, saber que está dando certo, ajuda a se manter motivado e continuar caminhando.

Nesse ponto, então, é hora de você dividir seu alvo em partes menores. No exemplo, coloquei um alvo que tem a duração de um ano para ser concluído — você deve usar o seu alvo e o tempo que estima para a sua conclusão. Após escrever seu alvo, você vai definir uma medida de tempo para dividi-lo em partes menores. Como usei a medida em anos, escolhi dividir o alvo por meses, traçando pequenos passos com a duração de um mês cada.

Poderia ter feito com uma duração semanal, bimestral ou trimestral. É possível também você criar subdivisões dentro de uma divisão. Eu poderia, por exemplo, dividir o passo 1 em quatro passos de uma semana cada. Isso melhora o gerenciamento. Eu sei que, para chegar ao passo 2, preciso primeiro concluir o passo 1; e, para garantir que estou no caminho certo do passo 1, divido-o em partes ainda menores.

Faça essa atividade do futuro, data de conclusão do seu alvo, para o passado, dia de hoje. Assim fica mais fácil visualizar qual é o último passo que precisa ter concluído antes de chegar ao seu alvo e qual foi o passo antes daquele, e assim sucessivamente.

TERCEIRO PASSO DO MÉTODO ARTE: TRABALHO

ALVO TRAÇADO – TEMPO 1 ANO	
PASSO 11	Meta que preciso conquistar para concluir meu alvo
PASSO 10	Meta que preciso conquistar para concluir o passo 11
PASSO 9	Meta que preciso conquistar para concluir o passo 10
PASSO 8	Meta que preciso conquistar para concluir o passo 9
PASSO 7	Meta que preciso conquistar para concluir o passo 8
PASSO 6	Meta que preciso conquistar para concluir o passo 7
PASSO 5	Meta que preciso conquistar para concluir o passo 6
PASSO 4	Meta que preciso conquistar para concluir o passo 5
PASSO 3	Meta que preciso conquistar para concluir o passo 4
PASSO 2	Meta que preciso conquistar para concluir o passo 3
PASSO 1	Meta que preciso conquistar para concluir o passo 2
HOJE	Estado atual – O que eu preciso fazer hoje para ir em direção ao passo 1, e assim conquistar meu alvo

TERCEIRA ETAPA: REALIZAR SEU PLANO DE AÇÃO

Neste capítulo, tratamos de trabalho, então, não podemos sair dele sem traçar um plano de ação. Quando falamos de responsabilidade, abordamos o mal do vitimismo, e, para se livrar de uma vez do plano do choro, vamos ao plano de ação.

Um plano de ação deve conter sete etapas a serem preenchidas, sendo que, em alguns casos, não é necessário responder a algumas das perguntas, ou elas até mesmo não se aplicam para alguns itens.

PLANO DE AÇÃO						
O QUÊ?	POR QUÊ?	QUEM?	ONDE?	COMO?	QUANDO?	QUANTO CUSTA?

Essas são as sete perguntas de um plano de ação completo. Elas podem ser escritas em papel ou planilha, e abaixo você vai descrever todas as ações que precisa realizar para concluir os passos que traçou na etapa anterior. Vejamos como responder às questões:

O QUÊ?

Essa é exatamente a ação necessária para produzir o resultado. Essa ação pode ser para aproveitar uma oportunidade, para evitar uma ameaça, ampliar um ponto forte ou melhorar um ponto fraco. Pode ser também uma ação necessária para conquistar diretamente algum dos passos definidos. Vamos supor que seu alvo seja chegar à gerência dentro de dois anos, mas, para isso, uma das exigências é ter um curso de pós-graduação. Você dividiu seu alvo em 24 passos; sabe, então, que, até o passo 23, você tem que ter concluído sua pós-graduação ou não vai chegar ao alvo dentro do prazo estipulado. Se o curso que você escolheu tem duração de 24 meses, sua ação imediata é se matricular na pós-graduação. Já se o seu curso tem a duração de 18 meses, você poderia postergar o início até o passo 6, porém, se houver um imprevisto e você não concluir o curso dentro do prazo, isso vai impactar no alcance do seu alvo na data prevista.

POR QUÊ?

Essa resposta testa a importância da ação definida no "o quê?". Você escolheu uma ação aleatória ou ela tem importância e relevância para seu alvo? No caso do exemplo acima, no "o quê" é iniciar a pós-graduação e o "porquê" é para garantir o cumprimento do alvo dentro do prazo estipulado de dois anos.

QUEM?

Reforça nosso compromisso com a responsabilidade. O primeiro responsável pela ação é sempre você; depois, você pode listar também pessoas do seu networking que são capazes de apoiar na ação planejada.

ONDE?

Aqui se trata do local onde a ação será realizada. Em nosso exemplo fictício, na "Faculdade de Excelência ARTE".

COMO?

Descrever como a ação deve ser feita. Exemplo: ser aprovado no processo seletivo da Faculdade de Excelência ARTE e se matricular no curso de pós-graduação do Método ARTE.

QUANDO?

Aqui é a data em que a ação proposta deve ser realizada. Em nosso exemplo, como se trata de um curso contínuo, podemos responder ao "quando" de dois modos: data de início e previsão de término do curso ou o dia da semana em que vamos realizar os estudos, por exemplo, todo sábado até o ano XXXX.

QUANTO CUSTA?

A ação proposta tem algum valor financeiro? Se sim, responda qual é o valor. Se você tiver o recurso disponível planejado para ação, não haverá impacto na realização do "o quê". Se você não tem o recurso disponível, nesse ponto, pode começar outra linha do plano de ação respondendo ao "o quê", com o levantamento do dinheiro necessário para realizar a ação. Vamos supor que nossa pós-graduação exija um investimento à vista de 20 mil reais e não temos o valor necessário. Então, na linha abaixo, colocamos nosso próximo "o quê" como "economizar 20 mil reais para a pós-graduação" ou "economizar mensalidade de mil reais para o curso de pós-graduação".

DO MÉTODO AO MÉRITO

PLANO DE AÇÃO		
O QUÊ?	Iniciar pós-graduação	Economizar R$1.000 mensais
POR QUÊ?	Garantir o cumprimento do alvo dentro do prazo estipulado de 2 anos	Pagar pós-graduação
QUEM?	Carlos	Carlos
ONDE?	Faculdade de Excelência ARTE	Não aplicável
COMO?	Ser aprovado no processo seletivo e realizar a inscrição no curso	Transferência da dívida do carro
QUANDO?	Janeiro/XX até Dezembro/XX	Janeiro/XX
QUANTO CUSTA?	R$20.000 à vista	Não aplicável

As ferramentas que tratamos neste capítulo tornam o trabalho mais organizado, dentro do sentido que você procura atingir. Trabalhando dessa forma, você vai economizar tempo em suas conquistas, sendo objetivo e crescendo ano após ano em direção à excelência.

INDICADOR DE METAS PESSOAIS

Vimos a importância de visualizar nosso objetivo. Ter uma imagem mental do nosso alvo, daquilo que buscamos conquistar, ajuda nosso cérebro a pensar em formas para se conquistar o nosso objetivo.

Os exercícios de imaginação são auxiliares importantes para manter em mente nossos objetivos, mas devemos complementar a prática da imaginação, escrevendo nossos alvos e objetivos e deixá-los em lugar visível e constantemente acompanhar se estamos no caminho certo.

Um indicador visual das nossas metas pessoais facilita saber como estamos trilhando o caminho em direção ao alvo. Esse indicador visual pode ser feito com uma planilha e depois impresso e colocado em um local em que você passe com frequência. Assim, durante o dia, você vai se lembrar de ver como estão suas metas e vai passar a dar maior atenção às atitudes que o levam aos seus objetivos.

Nesse indicador de metas pessoais, pode constar uma única meta ou meta em cada área da Roda da Vida. Vamos ver alguns exemplos:

EIXO PESSOAL:

FÍSICO E SAÚDE	Frequentar academia de musculação três vezes por semana, com treinos de uma hora de duração
EMOCIONAL E INTELECTUAL	Praticar meditação por 10 minutos diários e ler no mínimo seis páginas de um livro diariamente

EIXO PROFISSIONAL:

FINANCEIRO	Destinar mensalmente 20% dos rendimentos em investimentos financeiros: XYZ
REALIZAÇÃO	Escrever livro sobre excelência até junho/2020

EIXO QUALIDADE DE VIDA:

ESPIRITUALIDADE	Diariamente buscar ser mais justo, alegre, empático e colaborativo com outros seres humanos.
LAZER	Praticar exercícios físicos três vezes por semana. Viajar uma vez por mês para a casa de campo.

EIXO RELACIONAMENTOS:

CÔNJUGE	Viajar com a esposa uma vez ao mês e sair uma vez por semana com ela para: cinemas/teatros/shows.
SOCIAL	Realizar duas vezes ao mês encontros com os amigos da faculdade/trabalho.

Esse é um exemplo simples de metas que podem ser criadas nas mais diversas áreas da nossa vida. Perceba nesse gráfico como uma meta pode ser interligada com a outra. Você pode unir metas destinadas a um eixo com as de outro.

Um meta como "Frequentar academia 3 vezes por semana" pode ajudar tanto na saúde quanto no lazer; você pode ir com seu cônjuge ou amigos e assim manter mais de um eixo da sua vida. A academia pode servir para economizar em outras atividades e, assim, também ajuda na questão financeira.

Você pode manter uma cópia impressa dessa tabela de metas e fazê-la mês a mês, assim, fica fácil visualizá-las e ver quantos meses do ano você atingiu os objetivos e quais precisam de mais atenção e correção no caminho.

TERCEIRO PASSO DO MÉTODO ARTE: TRABALHO

FÍSICO E SAÚDE	Frequentar academia de musculação três vezes por semana com treinos de uma hora de duração	Janeiro Concluída 100%	Fevereiro Concluída 100%	Março Concluída 80%	Abril Não Concluída
EMOCIONAL E INTELECTUAL	Praticar meditação por 10 minutos diários	Janeiro Concluída 30%	Fevereiro Concluída 50%	Março Concluída 80%	Abril Não Concluída

No exemplo acima, a pessoa teve problemas para concluir as metas de abril e houve meses em que as concluiu parcialmente. Acho importante demonstrar o percentual de cumprimento das metas. Esse índice indica seu desempenho mais corretamente.

Alguém que concluiu 95% do que se propõe tem um desempenho diferente do que se não tivesse concluído nada. O índice percentual também serve para guiá-lo se você estiver melhorando, tiver mantido a constância ou piorado seus números.

Com esse indicador, você também pode avaliar se uma meta que traçou está fácil de ser concluída e, assim, colocar uma meta que crie um desafio maior. Os seus resultados diários podem ser anotados em uma agenda, em um aplicativo de notas ou em uma planilha anexa a sua planilha de metas. Então, ao final do mês, observe suas anotações para ver se cumpriu as metas.

CALENDÁRIO FEVEREIRO – ACOMPANHAMENTO META MEDITAÇÃO						
·						X
	X		X	X		
	X	X		X	X	
	X		X		X	X
	X		X			

DO MÉTODO AO MÉRITO

No exemplo anterior, a pessoa marcou que fez as práticas de meditação em 50% dos dias, 14 marcações, mas a meta é praticar diariamente por 10 minutos, então, a meta foi concluída apenas em 50%.

Implemente uma forma visual e prática para acompanhar seus alvos; quanto mais simples e rápido for para você enxergar suas metas e onde precisa melhorar, maior sua chance de alcançar resultados de excelência.

TERCEIRO PASSO DO MÉTODO ARTE: TRABALHO

MADRE TERESA DE CALCUTÁ

Como trouxe na introdução desta obra, o método ARTE e a excelência não são coisas para ficarem restritas a um grupo de pessoas. Mais do que um método, é uma forma de viver e pensar, um modo de viver que pode e deve ser levado a tudo que fazemos.

Já falamos aqui de atletas, artistas, empresários e, agora, estamos falando de pessoas com atuação religiosa. A proposta de trazer pessoas com atuações distintas é para ilustrar que não importa o que você faz hoje, você pode deixar um legado para a sociedade, um legado para sua família.

É importante saber que as coisas não nascem grandes, elas tornam-se grandes com a aplicação dos quatro princípios do Método ARTE:

- Ter um Alvo a ser alcançado

- Assumir a Responsabilidade para fazer o trabalho que precisa ser feito

- Traçar um plano de Trabalho correto em direção ao alvo

- Trabalhar com Esmero

A aplicação constante dessas quatro etapas é o que faz algo corriqueiro tornar-se algo extraordinário. Por isso seu alvo inicial não precisa ser conquistar algo grandioso; seu primeiro passo é conquistar uma fração daquilo e, ciclo após ciclo, ir ajustando seu alvo para algo maior.

Um projeto que pode nascer para ajudar a si mesmo, sua família, os vizinhos. Esse projeto tem capacidade para

DO MÉTODO AO MÉRITO

ganhar escala, atingir um bairro, uma cidade, uma nação e o mundo todo.

Durante todo esse processo, será necessário colocar alvos cada vez maiores, reforçar sua responsabilidade com as ações, que serão cada vez mais necessárias e mais responsáveis, pois o impacto social não fica restrito a um grupo pequeno de pessoas, vai crescendo ao passar dos anos.

O Trabalho de que falamos neste capítulo, com o crescimento do projeto, é possível que não seja mais fazer as coisas em direção ao seu alvo, e sim encontrar as melhores pessoas que possam realizar as ações necessárias. E o quarto passo será melhorar sempre, não importa o nível que você tenha alcançado.

Com 12 anos, Madre Teresa de Calcutá sentiu o chamado para viver uma vida religiosa. Nessa jovem idade, muitas coisas chegaram a sua mente. Será que era esse o trabalho em que gostaria de se dedicar durante sua vida? Será que conseguiria deixar de ter uma vida

normal para seguir o caminho religioso? Conseguiria viver sem posses e família?

Em meio às dúvidas, também chegam as respostas quando as procuramos. E foi aos 17 anos que se decidiu pelo caminho religioso. Com 18 anos, se mudou para a Irlanda para ingressar no Instituto Beatíssima Virgem Maria.

No ano seguinte, mudou-se para Índia, onde ensinava História e Geografia no convento. Irmã Teresa tornou-se Madre em 1937, então com 27 anos, e já há oito anos ensinando na Índia.

Vemos as coisas acontecendo aos pouco na vida de Teresa. Ela não chegou revolucionando algo na Índia, chegou com uma vontade de ajudar e se estabeleceu com a oportunidade que tinha.

Como Madre, foi diretora da escola Santa Maria por nove anos, até receber uma inspiração: deixe o convento e vá viver entre os pobres. Durante dois anos, ela teve que aguardar pacientemente a autorização dos seus

TERCEIRO PASSO DO MÉTODO ARTE: TRABALHO

superiores para deixar o convento. Na opinião deles, era perigoso sair do convento e ir viver nas favelas de Calcutá, e uma mulher não poderia fazer muita coisa.

Às vezes imaginamos que é só na empresa em que trabalhamos que algumas de nossas ideias não são aceitas e implementadas pelos superiores da hierarquia. O sistema hierárquico existe em qualquer organização humana; precisamos aprender a trabalhar e conviver bem dentro desse sistema.

Às vezes, a ideia não foi aceita simplesmente porque não a apresentamos direito. Não mostramos como a organização ganha como um todo, que cumpre com os propósitos organizacionais. Às vezes, a ideia pode ir de encontro às crenças do superior da organização, e por isso não funciona.

Talvez você proponha fazer algo de forma digital, mas a empresa tem a cultura de fazer presencialmente, e assim sua ideia é eliminada. Nem por isso você deve desistir

dela ou praguejar contra quem impediu que fosse implementada. Nessas horas é necessário ajustar o plano de ação proposto para chegar ao objetivo.

O planejamento sobre trabalho proposto neste capítulo não é algo rígido, a vida não é assim. Até diz um ditado que a única certeza do planejamento é que as coisas não saem como planejadas. Só que esse ditado não significa que devemos negligenciar o planejamento, significa que sempre vai haver imprevistos.

Se as coisas estão acontecendo muito facilmente, tudo sai como o planejado e você alcança o alvo sem problema nenhum, há uma grande possibilidade de que você não esteja se desafiando em sua jornada. A excelência exige desafios, objetivos ousados; por isso, é natural que não dê certo nas primeiras tentativas; por isso, pessoas excelentes falharam na vida.

As pessoas que estão caminhando sem nenhuma falha provavelmente não estão tentando nada de novo.

DO MÉTODO AO MÉRITO

Enxergue as falhas e rejeições no caminho como temporárias. Quando acontecerem, volte ao plano de ação criado e proponha novas ações para superar o obstáculo que apareceu.

Após dois anos de sua primeira tentativa de deixar a escola e ir para as favelas de Calcutá, Madre Teresa recebeu a permissão de seus superiores para sair por um ano. Do início de sua carreira religiosa, com as irmãs de Loreto, até essa autorização, havia se passado 20 anos.

Mesmo quando fazemos algo que amamos, que escolhemos como nosso propósito, é natural que outras coisas chamem a nossa atenção ao longo da vida, e, quando são coisas verdadeiras, não há problema decidir mudar.

Quando mudamos de caminho, é natural encontrar novas dificuldades; será preciso aprender coisas novas e muitas vezes começar a construir algo que não existe ainda. Madre Teresa poderia ter terminado a vida ensinando como sempre fez, mas decidiu iniciar algo novo dentro do seu caminho. Graças a essa ação, milhares foram beneficiados com situações mais dignas.

Ela percebeu que um conhecimento básico em medicina ajudaria em sua missão nas favelas, então, antes de seguir para seu destino, foi aprender sobre medicina com as irmãs da missão médica.

Isso são ações que precisamos desdobrar em nosso plano de ação para que ele seja bem-sucedido. Como vimos no quadro do plano de ação, não basta apenas escrever a ação que leva ao nosso alvo, é preciso descrever outras ações que precisam ser feitas para preparar e garantir que conseguimos chegar ao nosso alvo.

Suas primeiras aulas foram dadas para crianças nas ruas de Calcutá. Aos poucos, conseguiu alugar uma cabana para fazer de sala de aula e também visitou as famílias das crianças para dar pequenos tratamentos médicos.

TERCEIRO PASSO DO MÉTODO ARTE: TRABALHO

Ao final do período de um ano, concedido pelos seus superiores para ficar em Calcutá, sua influência já havia se espalhado e outras pessoas interessadas em ajudar começaram a aparecer. Então, pediu a seus superiores para fundar sua própria ordem de freiras: as Missionárias da Caridade.

Em 1950, o papa concedeu essa autorização e, em 1952, Madre Teresa abriu uma casa de apoio para cuidar dos doentes. Três anos depois, abriu uma casa para cuidar de crianças de rua. Próximo ao décimo aniversário, a ordem Missionárias da Caridade recebeu autorização para atuar em outros lugares da Índia e, 15 anos depois, para ir a outros países. Atualmente, a ordem de missionárias está presente em mais de 130 países.

"Você pode encontrar uma Calcutá em qualquer lugar do mundo se tiver olhos para ver e ajudar", disse certa vez Madre Teresa. Com isso, ela nos lembra de que existe muita gente no mundo que precisa de ajuda e que podemos ajudá-las com o que sabemos.

Não precisamos de muitos recursos para começar algo e fazer disso algo grande. Precisamos começar o Trabalho com uma pequena ação que possa ser realizada hoje. "Não é o quanto fazemos ou o quão grande é o que fazemos, é quanto amor colocamos no que fazemos."

MADRE TERESA DE CALCUTÁ ■

CAPÍTULO 10

Quarto passo do Método ARTE: Esmero

> "Depois de escalar uma grande montanha, se descobre que existem muitas outras montanhas para escalar."
>
> NELSON MANDELA

Você definiu aonde quer chegar, assumiu que a responsabilidade para conquistar esse alvo é primeiramente sua e começa a trabalhar de forma estruturada para chegar ao Alvo. Passado algum tempo, você conquistou seu alvo; então, coloca um alvo um pouco mais acima do anterior e o alcança novamente. Chega o momento de colocar o alvo um pouco mais acima novamente, e você começa a perceber que seu rendimento já não é igual ao que era anteriormente; você começou a perder rendimento, as coisas que aprendeu anteriormente já não o ajudam tanto nesse novo desafio e, se não se atentar, vai entrar novamente em um platô acima do anterior.

Podemos chamar esse lugar de o "platô de quem é muito bom em algo", mas a excelência está em um lugar um pouco acima. Na busca de melhoria, aprendizados constantes e atenção aos detalhes são fatores que guiam para a excelência, e o nosso quarto passo é sobre isso: Esmero. O esmero é o refinamento das nossas atitudes e ações; é um processo permanente em busca de ser e fazer cada vez melhor. Para apoiar o caminho do esmero, vamos entender como se dá o processo de aprendizagem.

CICLO DE APRENDIZAGEM

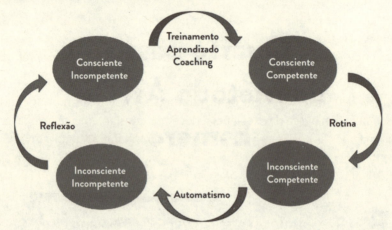

Essas são as quatro etapas do processo de aprendizagem. Conhecê-las bem lhe permite mapear em qual parte você se encontra e proporcionar uma mudança de sentido.

A primeira etapa é o Consciente Incompetente. Isso significa que você sabe que não sabe de algo. Um exemplo prático para ilustrar o consciente incompetente é quando vamos aprender a dirigir. Ter a ciência de que não sabe dirigir é ser consciente incompetente — eu sei que não sei de algo. Ao reconhecer que não sei e quero aprender, vou buscar um treinamento, uma mentoria, vou me informar das maneiras disponíveis para aprender.

A segunda etapa é ser Consciente Competente. Nesse ponto, eu fiz um treinamento, aprendi com pessoas que já estavam na área e desenvolvi habilidade para executar o trabalho. Agora eu "sei que sei fazer". Como no exemplo anterior, após entrar na autoescola, fazer aulas e passar no exame, aprendemos a guiar um carro.

Com a prática de uma atividade, a rotina diária de fazer a mesma coisa, passamos a ser Inconscientes Competentes de algo, e aqui entra em cena o vigarista que vai sabotar a excelência. Depois de um tempo que aprendemos a dirigir, começamos a tomar diversas ações sem precisar refletir em como realizá-las. Mudamos a marcha do carro "sem pensar", fazemos uma meia embreagem sem precisar relembrar o passo a passo. Esse comportamento vai sendo interiorizado. No trabalho também passamos por isso; o hábito da rotina nos faz realizar as tarefas sem muitas reflexões.

QUARTO PASSO DO MÉTODO ARTE: ESMERO

Inconsciente Incompetente. Aqui cometemos erros simples, erros que provavelmente não cometemos nem quando estávamos aprendendo a fazer. No início do aprendizado, prestamos atenção aos detalhes, demoramos para fazer porque nos atentamos a lembrar do passo a passo; depois, com a rotina e a criação de um hábito, começa a perda da consciência na tarefa então cometemos erros banais que podem gerar grandes prejuízos.

É como bater o carro porque não obedeceu ao "pare" escrito no chão, ou então deu marcha ré sem olhar para trás. O automatismo nos rouba a consciência. Em busca da excelência, devemos constantemente rever a forma como fazemos as coisas, sempre avaliar e procurar aprender coisas novas e a melhor maneira de fazer um trabalho. Isso deve ser feito dentro da esfera do Inconsciente Competente, antes de se chegar ao Inconsciente Incompetente, onde vamos, muitas vezes, despertar quando cometemos um erro.

Nessa esfera, se volta a refletir sobre onde está errando, reconhece-se que não sabe mais como fazer e busca um treinamento. A busca pelo aprendizado e melhoria é constante e cíclica, o que devemos evitar é cair na etapa 4 (inconsciente incompetente). Temos que refletir já na etapa 3 (inconsciente competente) sobre nossos resultados e compreender o que precisamos aprender para continuar a melhorar. Assim, da etapa 3, voltamos para a etapa 1 (consciente incompetente), em busca de novos aprendizados e melhores práticas.

PRÁTICA DELIBERADA

Será que basta realizar um trabalho oito horas por dia, cinco dias por semana e durante vários anos para se tornar excelente no que se faz? Já vimos que não; podemos fazer a mesma coisa por muito tempo em nosso platô, sem nenhuma mudança no sentido da excelência. Para melhorar dia a dia, a excelência deve ser o nosso alvo. Mas melhorar em quê?

No capítulo anterior, vimos que dividir um objetivo em passos menores é imprescindível para tornar mais próxima a sua realização, e, se vamos buscar a excelência em algo, também devemos dividir nossa prática em várias atividades. Mas o que exatamente isso quer dizer?

Uma habilidade adquirida é composta por outras habilidades, as quais servem de apoio para se executar bem a atividade principal. Vamos tomar

DO MÉTODO AO MÉRITO

como exemplo um sujeito que é reconhecido como um bom gerente corporativo. Para atingir esse mérito, ele desenvolveu outras habilidades que são exigidas a um gerente, habilidades que provavelmente ele desenvolveu melhor do que os outros.

Um bom gerente pode ter habilidades como: liderança, oratória, empatia, negociação, visão holística, pensamento crítico, gestão de pessoas, entre outras. É preciso entender que ser bom em algo é ser bom em outras várias coisas, que, somadas, compõem o quadro todo. Um excelente lutador de MMA precisa ter habilidades para lutar de pé, lutar no chão, condicionamento físico, resistência e força. Estas, entre outras habilidades, são necessárias para se obter sucesso dentro dos ringues.

> **É NECESSÁRIO, PARA SE CHEGAR À EXCELÊNCIA EM UMA ÁREA, TER A CAPACIDADE DE DESMEMBRAR AS CARACTERÍSTICAS QUE ENVOLVEM AQUELA ATIVIDADE, DESDE AS MAIS BÁSICAS ATÉ AS MAIS SUTIS, QUE PODEM FAZER TODA A DIFERENÇA ENTRE ALGUÉM EXCELENTE E ALGUÉM BOM OU RAZOÁVEL.**

Utilizando o exemplo de um lutador, ter a capacidade de controle emocional pode fazer toda a diferença entre uma vitória ou uma derrota dentro do ringue. A falta de domínio emocional pode levar um lutador a tomar decisões erradas em meio à luta, perdendo sua atenção frente a uma provocação e com isso levar um contragolpe.

Entender essas características pode fazer toda a diferença nos resultados, ver o básico; o superficial é o que todos veem. Em uma luta, pode parecer óbvio que ter técnica e força física seja necessário para sair campeão, porém, na prática, nem sempre o lutador com mais força é quem vence e, para vencer, ele se utilizou de alguma característica que desenvolveu melhor do que os demais, como sua atenção ou mesmo surpreender o oponente com um golpe inesperado.

140

QUARTO PASSO DO MÉTODO ARTE: ESMERO

Sua prática, neste capítulo, é identificar e listar todas as características necessárias para você ser excelente naquilo que é seu alvo. Busque encontrar desde as características óbvias até as mais sutis. É claro que, para um professor de inglês, dominar o idioma é essencial a fim de chegar à excelência, mas só isso não o diferencia dos demais. Quem sabe esse professor precise desenvolver empatia, saber técnicas para ensinar adultos, propor atividades em grupos.

Vasculhe quais são essas características necessárias para você hoje, faça uma lista com elas e dê uma nota de zero a dez de como está seu nível de habilidade em cada uma delas. Depois se questione: **"Qual dessas atividades impede mais meu crescimento?"** Podemos ter grandes habilidades em algo, mas muito pouca ou nenhuma em outra área. E o sucesso vem como a soma de todas essas habilidades. Um jogador de futebol é bom no drible, mas não consegue correr, ou então não tem equilíbrio emocional e acaba sendo expulso de todo jogo, o que o faz perder a credibilidade com o técnico e as oportunidades de jogar.

Veja qual é seu ponto mais vulnerável atualmente e, ao encontrá-lo, busque dedicar alguns minutos semanais para realizar uma prática nessa debilidade específica. Focar um treino intenso em apenas um ponto débil é chamado de prática deliberada. Essa tende a ser uma prática que gera muito desconforto por atuar em nosso ponto de maior fragilidade. Se isso o está travando hoje, ao aumentar seu desempenho, vai permitir que os demais também cresçam.

FEEDBACK

Já presenciou alguma vez a seguinte situação: dois jogadores se enfrentam em uma partida de xadrez? Assistindo à partida, há um terceiro jogador. Quem assiste à partida já viu qual é a melhor jogada a ser feita, porém, quem está sentado à mesa ainda não encontrou o lance correto. Passados alguns minutos de análise, o jogador no tabuleiro faz um lance pior do que o lance visto pelo jogador que assistia à partida.

Chamo isso de "síndrome do tabuleiro de xadrez". Muitas vezes, quando estamos fora de uma situação, enxergamos coisas que quem está vivenciando ainda não viu. Quando se vive a situação, existem os fatores

DO MÉTODO AO MÉRITO

emocionais envolvidos, que podem ajudar ou atrapalhar na análise e tomada de decisão. Em alguns momentos da vida, podemos passar pela "síndrome do tabuleiro de xadrez", e uma das formas de vigiar que não estamos deixando passar uma oportunidade de melhoria é através do feedback.

Algumas pessoas têm medo de pedir feedback, e outras não gostam de dá-lo. Precisamos combater ambos os preconceitos, afinal, a oportunidade de corrigir erros antes que nos afetem é sempre bem-vinda em qualquer situação da vida. Peça-o sem medo do que vai ouvir; lembre-se de que sua meta é chegar à excelência, então, aproveitar as chances disponíveis para conhecer um pouco mais como as pessoas veem o seu trabalho é positivo.

A maioria das pessoas tende a ser gentil ao dá-lo, mas nem por isso se contente com um simples elogio. Pergunte para quem o dá se ele tem alguma sugestão de melhoria, algum ponto de seu desempenho que entende que pode melhorar. Valorize pessoas que dão feedbacks sinceros em seu círculo, não caia no erro de querer que todos o elogiem.

Se você se mostrar uma pessoa avessa a críticas, os outros vão tender a lhe negar um feedback sincero. O comportamento de não aceitar críticas vai atrair pessoas que o elogiam para tirar algum tipo de vantagem, e, além de tudo, elas não estão interessadas em seu desenvolvimento. Se você assumir essa postura, significa que também não está.

Busque feedbacks sinceros e, se por acaso, em algum momento, se sentir ofendido por algo que alguém falou, avalie o seguinte: o que foi dito é verdade ou omitiu-se uma opinião porque se desconhece a situação? Se for verdade, é uma oportunidade boa de melhorar um comportamento; se a pessoa emitiu um feedback mais grosseiro só para ofendê-lo, não caia na armadilha; separe o que é bom do que não é sobre o que lhe falam.

Também não se negue a dá-lo e aprenda a ser cortês ao fazê-lo, porque para muitas pessoas é receber uma crítica é o momento mais sensível, e até elogios para alguns. Quando tiver que dar um feedback para corrigir um comportamento de alguém, primeiro de tudo, recorde à pessoa dos acertos que ela teve anteriormente; em seguida, fale o que ela fez de errado dessa vez e, para fechar, pode completar com um elogio sincero. Não é um elogio falso ou para agradar, é o tipo de elogio que mostra que você confia na capacidade da pessoa para corrigir o erro apresentado, como: "Confio na sua capacidade em corrigir essa situação" ou "Você já resolveu situações maiores do que essa antes". Diga algo que contenha verdade.

QUARTO PASSO DO MÉTODO ARTE: ESMERO

INSPIRE-SE E ESPELHE

Encontrar pessoas que durante a vida produziram um resultado semelhante ao que se busca é um facilitador no processo de excelência. Lembra-se da atividade da prática deliberada para listar o conjunto de habilidades necessárias para desenvolver a excelência na sua área? Olhar para quem já chegou lá é um grande apoio nessas horas.

Entender com essas pessoas quais foram as características que trabalharam durante a vida, o fator que consideram importante para obter os resultados que você busca. Ajuste seus passos com hábitos que sejam coerentes para você, lembre-se da regra: "Por que começar do zero se é possível aprender com os melhores?"

Não é preciso traçar esse caminho com as pessoas presencialmente. Quando possível o contato, é claro que é melhor, mas é possível conhecer um pouco mais sobre a vida delas lendo boas biografias, materiais que deixaram, ver como reagiram frente aos desafios que tiveram na vida. Enfim, entender através da forma como elas responderam aos problemas que lhes foram apresentados e quais habilidades se mostraram sempre presentes em seus comportamentos.

Ao longo deste livro, trouxe um pequeno resumo biográfico de pessoas que alcançaram a excelência em diversas áreas, para inspirá-lo a repensar alguns comportamentos e pensamentos. Aprenda um pouco com essas pessoas e seus resultados extraordinários.

O CICLO DE MELHORIA — PDCL

A melhoria funciona quando é contínua. Melhoria contínua é a busca pela excelência em algo. A perfeição é como um ponto no horizonte, não importa quanto caminhamos, o horizonte sempre se mantém na mesma distância. Assim é a perfeição: passamos à vida em sua busca, mas ela continua em um lugar que não conseguimos chegar.

Mas é o desejo por fazer um trabalho perfeito que possibilita realizar um trabalho excelente. Essa busca pela perfeição é encontrada na frase de Leonardo da Vinci, "Que o teu trabalho seja perfeito para que, mesmo

DO MÉTODO AO MÉRITO

depois da tua morte, ele permaneça." O trabalho excelente é aquele que é lembrado mesmo quando seu criador já não está mais vivo.

Por anos, os jogos de Kobe Bryant serão revistos; Ayrton Senna, homenageado com uma pintura no circuito de Interlagos, será visto e lembrado pelas futuras gerações; Arnold Schwarzenegger vem inspirando outros fisiculturistas; o Davi, a escultura mais famosa do mundo, feita por Michelangelo há 500 anos, inspira artistas e não artistas a realizarem um trabalho de excelência única.

Nesse caminho de excelência, o ciclo PDCL é uma ferramenta de melhoria contínua que vai auxiliá-lo em sua jornada. A sigla vem do inglês: P (*Plan*), D (*Do*), C (*Check*), L (*Learn*). No português, podemos traduzir como: P (Planejar), D (Fazer), C (Checar), L (Aprender). Essas quatro etapas devem seguir um ciclo constante, começando no P, passando pelo D, C e L, e, após isso, retornando para o P.

As três primeiras etapas do PDCL são relacionadas aos passos que vimos anteriormente na metodologia ARTE; e a quarta etapa, L, é relacionada ao Esmero, buscar sempre a melhora contínua no que está fazendo.

P — PLANEJAR: Nesta etapa você, vai estabelecer seus alvos e o plano de ação para atingir cada um deles.

D — FAZER: Sabendo seu objetivo e com o plano para chegar a ele desenvolvido, está na hora de fazer o que precisa ser feito. Sem cumprir o plano, nenhum resultado pode ser construído. Aqui é "mãos na massa", é hora de fazer. Assumir a responsabilidade e fazer o que precisa ser feito para produzir o resultado necessário.

C — CHECAR: É chegada a hora de checar se os resultados obtidos são os esperados. É necessário checar constantemente. Não adianta ver em novembro que a meta que você traçou para conquistar em dezembro não vai ser atingida, e não há nada que possa ser feito a tempo para reparar. A Rota de ação e o quadro de meta que traçamos anteriormente têm a finalidade de orientá-lo nisso. Os resultados checados podem mostrar que você está no caminho certo, que o errou ou se atrasou, então, vamos para a etapa quatro.

L — APRENDER: Depois de planejar, fazer e observar os resultados, é necessário aprender com a experiência vivida. O aprendizado nesta etapa é relacionado ao Esmero do Método ARTE; serve para impedir que você vá

144

QUARTO PASSO DO MÉTODO ARTE: ESMERO

para o estágio inconsciente incompetente, que fique estagnado no platô, ou que repita os mesmos erros.

Nessa etapa, você vai aprender o que funcionou no seu planejamento e na sua execução e continuar a repetir essas ações, cada vez buscando fazê-las com mais atenção e dedicação. Você também deve aprender o que não funcionou, o que deu errado e precisa ser corrigido. Aprendendo essas coisas, você inicia um novo planejamento, padronizando seus acertos e corrigindo os erros anteriores.

Esse ciclo continua a acontecer sempre: PDCL→ PDCL. Desse modo, você vai se colocar sempre em melhoria contínua. A duração do ciclo vai depender do que você planejou. Algumas execuções podem levar mais tempo que outras. Se o ciclo for muito longo, procure dividi-lo em atividades menores — quanto menor o tempo de ciclo, mais rápido será seu tempo de reação e correção das falhas que acontecerão durante o processo de aprendizado.

O ciclo PDCL é uma ferramenta simples de usar e que vai ajudá-lo a alcançar a excelência. Assim como as demais ferramentas apresentadas nesta obra, o PDCL também pode ser aplicado em qualquer área da sua vida: pessoal, profissional, qualidade de vida e relacionamentos. Aproveite para chegar mais rápido à conquista de suas metas com a aplicação do PDCL.

DO MÉTODO AO MÉRITO

MICHELANGELO BUONARROTI

Aos 36 anos, Michelangelo Buonarroti havia feito três das principais obras artísticas do Renascimento. Se, por um lado, o local e a época de seu nascimento facilitaram seu caminho nas artes; por outro, se destacar em uma época com artistas como Leonardo da Vinci, Rafael Sanzio, Donatello e outros não é para quem vive com o pensamento e atitudes na média.

Apesar do surgimento de grandes artistas, ser um deles no século XV não era reconhecido socialmente. Apesar do talento do jovem Michelangelo, seu pai Ludovico, não aceitava que o filho seguisse na profissão das artes.

Primeiro, Ludovico tentou que ele fosse educado para seguir uma carreira considerada prestigiada, mas o filho não obteve muitos avanços nos estudos. Em vez de frequentar as aulas, Michelangelo preferia usar o tempo para praticar desenho na companhia de artistas.

Por fim, Ludovico concordou em colocar o filho em um ateliê para que estudasse artes, percebendo que a habilidade do rebento não poderia ser desperdiçada. Michelangelo, então, foi ser discípulo no ateliê Ghirlandaio, mas não permaneceu ali por muito tempo.

Aos 15 anos, foi convidado por Lourenço, o magnífico. Sobre a proteção da família Médici, a mais rica de Florença, com um bom pagamento semanal e participando de um círculo de artistas e humanistas que frequentavam o palácio dos Médici, Michelangelo teve a oportunidade de desenvolver seus talentos.

Foi com o escultor do jardim dos Médici que Michelangelo teve alguém próximo a um professor de escultura. Seu primeiro trabalho para o patrono da família Médici foi uma cabeça de fauno, que, segundo se diz, fez Lourenço se render ao talento do jovem.

Muito se fala da personalidade de Michelangelo. Alguns dizem que era generoso e fazia doações a caridade, outros falam que era antissocial e briguento. Alguns apontam que não gostava de receber críticas, e isso o fazia buscar a perfeição em tudo que executava, queria ser o melhor.

Como vimos neste capítulo, o feedback é uma forma de evoluir em direção à excelência. É provável que a exigência que Michelangelo tinha sobre seu próprio trabalho substituísse de algum modo os feedbacks que não gostava de ouvir.

Como são poucos os que conseguem ter a visão de Michelangelo sobre o próprio trabalho, pedir feedbacks ainda é necessário. Se você está iniciando algo, ele é essencial para conseguir evoluir mais rápido. Se já domina o que precisa, é um auxiliar para evitar cair na incompetência inconsciente durante a execução de um trabalho.

Claro que é necessário separar as críticas e os críticos. Diz-se que o governante de Florença, à época, reclamou que o nariz da estátua de Davi era grande demais. Michelangelo fingiu corrigir, jogou pó de mármore da mão, como se tivesse tirado o pó do nariz da estátua, e ao olhar de novo, o governador disse que estava ótimo.

Um estudo demonstra o que é conhecido como efeito Dunning-Kruger. Esse estudo demonstra que pessoas com pouco conhecimento em uma determinada área tendem a se achar mais competentes e preparadas que outras.

Essa ilusão de superioridade se dá não pelo fato de saberem

DO MÉTODO AO MÉRITO

algo, mas pela própria ignorância. É comum nos dias atuais — infelizmente, até uma prática incentivada pelos meios de comunicação — pessoas opinarem sobre áreas que não são de seu domínio.

Vemos todos os dias em jornais, televisão e internet pessoas falando sobre política, artes, economia, empreendedorismo, ciência, entre tantos outros assuntos. Só que quem está opinando sobre esses temas não são pessoas da área de formação ou estudo. Não é porque alguém está na mídia ou tem um canal no YouTube que tem propriedade para falar sobre alguns assuntos.

O problema é que aceitamos e estamos nos acostumando a ouvir conselhos de gente que fala sobre uma área que não domina. Se buscamos verdadeiramente a excelência, temos que nos guiar por gente de excelência.

Não adianta pedir conselhos ou dar ouvidos a críticas de quem nunca faz nada para sair da mediocridade. Nem toda a mão estendida quer nos puxar

para cima; existem aquelas que querem só nos levar para baixo.

E não quero dizer que são pessoas maldosas. A questão é que muitas vezes não querem ser tiradas de seu mundo de conforto. Enquanto todo um grupo de pessoas concorda que não dá para fazer, que é impossível, que é perda de tempo buscar fazer melhor, todos podem permanecer parados e confortáveis no lugar onde estão. Não precisam se mexer para fazer nada diferente, não precisam buscar o esmero.

Quando alguém vai lá e faz algo diferente e melhor, essa pessoa acabou com as desculpas de todo o resto do grupo. Para o grupo é mais fácil convencer uma única pessoa a não fazer algo diferente — e todos continuarem confortáveis —, do que mudar o jeito de fazer as coisas porque alguém mostrou que dá para fazer melhor.

A mudança exige esforço, a excelência exige esforço, e nem todos estão dispostos

QUARTO PASSO DO MÉTODO ARTE: ESMERO

a abrir mão do conforto conquistado para fazer algo melhor. Não fuja ou ignore as críticas e feedbacks, mas aprenda a selecionar quais são os de pessoas que entendem do assunto e quais são os de pessoas sofrendo do efeito Dunning-Kruger.

Quando Michelangelo aceitou o trabalho de esculpir Davi, outros dois escultores já haviam se comprometido e desistido. Era uma pedra de mármore com mais de 5 metros de comprimento e um pouco mais de 1 metro de largura.

A pouca largura da rocha não permitia espaço para erros; ao mesmo tempo, o tamanho do mármore exigia um esforço espartano. Michelangelo tinha 26 anos na época; se falhasse, comprometeria sua carreira.

O mármore esperava há 40 anos em Florença por um escultor que transformasse a rocha bruta em beleza. Michelangelo, o divino, como ficou conhecido por seus trabalhos, aceitou o desafio.

Durante dois anos e meio trabalhou na rocha. Tirou cada pedaço que não era necessário até restar apenas a obra de arte. O Davi, de Michelangelo, tornou-se a escultura mais famosa da história humana, graças ao compromisso do artista em fazer um trabalho com excelência. "Lembrai-vos que algumas insignificâncias causam a perfeição, e a perfeição não é nenhuma insignificância."

MICHELANGELO BUONARROTI ■

CAPÍTULO 11

Características para viver o Método ARTE

> "É muito melhor perceber um defeito em si mesmo do que dezenas no outro, pois o seu defeito você pode mudar."
>
> 14º DALAI LAMA

BUSCAR A EXCELÊNCIA

Parece óbvio dizer que, para chegar à excelência, é necessário buscá-la, e, se chegamos até esta parte do livro, a resposta é que sim, buscamos a excelência. Mas será que a buscamos de verdade? Buscamos a fundo produzir um resultado que seja acima da média?

A busca pela excelência deve ser contínua. Isso compreende o quarto passo do Método, o esmero. O comportamento de buscar a excelência não é dizer "estou em busca da excelência". Ele tem a ver com direcionar o fluxo principal de nossa energia para a conquista desse traço.

Diz um ditado que um homem que buscava a sabedoria certa vez foi procurar um velho sábio que vivia em uma região afastada da cidade, em uma casa à beira do lago. Chegando lá, ele pediu àquele ancião, que era conhecido na região pela sabedoria que demonstrava, para ensinar o que ele precisava fazer para se tornar um sábio. O velho, então, caminhou com ele até o lago, onde ambos entraram juntos, com a água até a cintura.

DO MÉTODO AO MÉRITO

O senhor pediu que o homem afundasse a cabeça na água. Este, obediente à ordem, curvou o corpo e mergulhou a cabeça. Nesse momento, o velho a segurou debaixo d'água com as duas mãos. O homem começou a se debater quando o ar lhe faltou nos pulmões, enquanto ancião segurava firmemente a sua cabeça. O homem continuava a se debater, segurando o braço do velho na tentativa de se libertar, mas nada que fazia para se livrar daquelas mãos dava certo. Quando o último suspiro de ar abandonava seus pulmões, o velho soltou sua cabeça.

O homem levantou assustado e ofegante. "Está louco?!", perguntou assustado, assim que tomou fôlego. "O que você mais desejou enquanto estava embaixo d'água?", perguntou-lhe o velho. O homem respondeu que, durante todo o tempo em que esteve com a cabeça submersa, apenas uma coisa desejou: o ar. "Pois se quer algum dia tornar-se sábio, deseje a sabedoria com a mesma vontade que desejou ter o ar de volta aos seus pulmões no dia de hoje", finalizou o ancião.

COISAS GRANDES NÃO PODEM SER DESEJADAS COM MEIAS VONTADES, POIS NÃO É POSSÍVEL REALIZÁ-LAS DESSA FORMA.

Buscar a excelência é fazer com que cada pensamento e sentimento vá ao encontro dessa vontade e, assim, tratar de encontrar formas de fazer algo cada vez melhor. Não ficar satisfeito com os primeiros resultados, ir ao encontro de novas formas para produzir cada vez mais um resultado próximo à excelência. Buscar a excelência já é a primeira recompensa, pois o caminho, mesmo que árduo, proporciona visões e formas de se comportar diferentes. É o caminho que nos transforma, e é no caminho que passamos a maior parte de nossas vidas, por isso é preciso curtir a caminhada sem perder o propósito de encontrar a excelência em cada pedra que cruzamos.

PENSAR NO LONGO PRAZO

Seguir o caminho da excelência, tirar as experiências disponíveis nesse caminho e se alegrar com elas conduz à segunda característica necessária para chegar a excelência: o longo prazo. Pensar no longo prazo não significa que você deve perder tempo para ir em busca da excelência, ao contrário, ela normalmente não vai ao encontro dos que estão distraídos.

Pensar no longo prazo é reconhecer que, para cada coisa acontecer, existe um tempo, e atingir um grau de excelência normalmente compreende um longo espaço de tempo. Anteriormente, sobre ter alguém em quem nos inspirar. Se essa pessoa não é da área que você busca a excelência atualmente, busque ver as que a atingiram no mesmo campo em que você está hoje. Isso serve para entender melhor quanto tempo elas levaram para alcançá-la. Mas não se compare a elas. Dois fatores jogam contra a excelência: ter ansiedade para colher os frutos e comparar os próprios resultados com os de outros.

Assim como na natureza, em que cada árvore tem um tempo de vida e um ciclo de crescimento, também é com as obras que plantamos no mundo. Algumas dão frutos mais cedo, outras levam mais tempo. Por isso, é imprescindível conhecer o tempo de cada coisa. Isso significa ter paciência. Paciência nada tem a ver com falta de ação, é fazer o que precisa ser feito em cada momento.

Fazendo novamente uma analogia com os frutos da natureza, existe o tempo de plantio, tempo de rega, cuidados e colheita. Assim como existem as estações do ano para regular os ciclos de cada coisa, também é necessário conhecer o ciclo de maturação das ideias, implementação, crescimento e declínio. Esse conhecimento possibilita agir melhor em cada situação.

Comparar-se aos outros é outro erro quando falamos em chegar à excelência. Cada um tem sua história de vida, habilidades, conhecimentos e oportunidades que viveu, sejam as que foram aproveitadas ou as que foram abandonadas. Isso faz de cada ser único, apesar da essência ser igual. São essas experiências armazenadas que influenciam como reagimos em relação a cada coisa, assim, uma pessoa pode reagir melhor a uma situação, produzindo resultados mais rápidos ou mais lentos do que outras.

DO MÉTODO AO MÉRITO

Quando se inspirar nos resultados de outro, se alguém chegou a eles antes de você, entenda como ele fez isso e o que você pode aprender com isso, não se desmotive no caminho, achando que está lento. Recorde que você está fazendo um estudo posterior da vida dessa pessoa, e é bem provável que esse resultado alcançado já esteja sendo construído há muito mais tempo do que o relatado, através de vivências e aprendizados essenciais durante toda a vida.

O alerta contrário também é válido: se você construir um resultado mais rápido do que alguém conhecido pelo nível de excelência, não permita que o ego lhe suba à cabeça. Aqueles que ficam olhando para suas conquistas tropeçam com os obstáculos no chão. Não se deixe cair pela vaidade; seu compromisso é com a excelência contínua, não com o resultado passageiro.

Voltar a aprender a olhar para o longo prazo é uma das qualidades em falta nos dias atuais. Acostumamo-nos com a velocidade da informação. Para iniciar uma pesquisa, não vamos mais até uma biblioteca; para comprar um produto, não precisamos mais sair de casa; para falar com alguém, basta um clique no celular. A velocidade de resposta para muitas coisas trazidas pela tecnologia cegou-nos de uma verdade: aprendizado, dedicação e esforço precisam ser aplicados no longo prazo para construir resultados grandiosos.

Não vamos conseguir fazer um download do que precisamos aprender. Por mais rápida que seja a nossa conexão, isso demanda estudo e vivência do que foi aprendido. A dedicação não pode ser comprada em alguma loja on-line, é necessário colocar nosso tempo no projeto para vê-lo crescer. Não existe nenhum aplicativo "esforço" para instalar no celular. Essas coisas são construídas ao longo dos anos, por mais que a tecnologia avance ou que surjam oportunistas querendo ganhar dinheiro com a venda de soluções rápidas e fáceis. A excelência vem ao longo dos anos, não por passe de mágica.

DISPOSTO A PAGAR O PREÇO

Excelência é um estilo de vida. Ao compreender e internalizar esse hábito, você vai desenvolver as características de buscá-la em tudo. Isso significa ter uma visão de excelência em tudo que faz, e, como é uma forma de vida, você se prepara para fazer isso por muitos anos.

A terceira característica para chegar ao mérito da excelência é estar disposto a pagar o preço exigido para atingi-la. Pagar o preço não se refere a um investimento financeiro que seja necessário para alavancar o nível de serviço prestado, refere-se à necessidade de estabelecer prioridades e cumpri-las de acordo com seu alvo.

Talvez seja necessário, em algum momento, dormir menos horas por noite para completar um trabalho ou estudo de suma importância para seu alvo. Pode ser necessário em alguns momentos ter menos tempo disponível para o lazer, por isso é tão importante fazer o que gosta, assim, você pode se renovar durante o próprio trabalho. Buscar a excelência pode exigir algumas horas a mais do que você está acostumado hoje.

Por isso, as prioridades na vida têm de estar claras.

- Qual é seu alvo principal?
- O quanto isso é importante para você?
- Como isso muda sua vida no futuro e a vida das outras pessoas?
- De um até dez, o quão motivado você está para concluir essa meta?

Muita gente quer uma fatia do bolo, mas poucos estão dispostos a pagar o preço. Como na história relatada no trecho anterior, é preciso buscar a sabedoria como se busca o ar para respirar. Ser excelente em alguma arte é um pequeno reflexo de uma sabedoria adquirida em determinada área, e esse grau de excelência tem uma exigência a ser cobrada.

Quando observar um atleta de alta performance, um grande pianista, um homem que adquiriu grande controle mental e emocional, se recorde que eles, de alguma forma, trocaram as suas vida por aqueles resultados. Foram longos anos de práticas, estudos, fracassos e sucessos para chegar ao alto nível e, mesmo depois de alcançá-lo, o esforço continua para se sustentar com os resultados obtidos.

Tenha certeza do que gostaria de deixar como legado ao mundo. Quais são as coisas pelas quais vale a pena investir esforço e energia para mudar para melhor? A quais coisas você está disposto a dedicar longos

DO MÉTODO AO MÉRITO

anos da sua vida para produzir um resultado excelente? Pelo que você abriria mão se fossem necessárias horas de descanso para fazer?

Tudo que falamos sobre excelência até aqui deve ser sempre sustentado pelo pilar da ética. Nenhum resultado, por melhor que aparente ser, é válido se não for sustentado por princípios éticos. Da mesma forma, a excelência exige os preços, pagos através do tempo investido em esforços e melhorias contínuas ao longo dos anos. Ir contra valores éticos é um preço que não deve ser pago. A excelência é válida para aquele que a conquistou respeitando princípios éticos, humanos, que prezem pela boa convivência, respeito e fraternidade.

A excelência não proporciona altura para aqueles que estão no fundo do poço dos valores morais. Não existe mediocridade maior do que a daqueles homens que não respeitam a condição ética, vivem apenas para a busca de seus próprios benefícios, indiferentes ao mundo ao seu redor. Aqui tratamos de grandes homens e mulheres da História, que construíram amplos resultados não apenas para si mesmos, mas principalmente para a humanidade. Eles estiveram dispostos a pagar o preço para construir algo maior do que eles próprios, se dedicaram exaustivamente aos seus feitos, e alguns pagaram o preço da própria vida na luta por uma sociedade menos desigual.

CARACTERÍSTICAS PARA VIVER O MÉTODO ARTE

WARREN BUFFETT

Warren Buffett é uma daquelas pessoas que começaram sua carreira ainda jovens. Não que tenha trabalhado desde sempre no mercado financeiro, onde fez sua fortuna, mas desde muito jovem aprendeu como fazer dinheiro com suas habilidades e como economizá-lo.

Buffett detém alguns títulos que demonstram sua busca pela excelência empresarial e os resultados conquistados através dela. Sua presença é frequente na lista dos homens mais ricos do mundo, já tendo ocupado a posição mais alta em 2008. Fez a maior doação filantrópica da história, contribuindo com mais de 30 bilhões de dólares para a instituição Bill & Melinda Gates.

Sua fortuna, estimada pela revista *Forbes*, em 2020, era de 67,5 bilhões de dólares, mas ela começou de dólar a dólar, com uma visão de longo prazo que tem muito a ensinar a todos os buscadores de excelência.

O pai de Buffet trabalhou no mercado financeiro e montou sua própria empresa de investimentos após perder o emprego a queda da bolsa nos EUA, em 1929. Em 1930, nascia o "oráculo de Omaha", como ficou conhecido décadas mais tarde.

A influência do pai na vida de Buffett começou cedo. O jovem sempre teve o hábito da leitura e chegou a ler todos os livros de investimentos do escritório do pai. Foi nesses livros que conheceu seu futuro mentor em finanças.

O estudo e aprimoramento constante de Warren através

DO MÉTODO AO MÉRITO

dos livros vai ao encontro de muito do que falamos sobre a importância de buscar sempre a melhoria contínua e o aprendizado constante durante a vida para conseguir produzir resultados acima da média. Se você está fazendo o que todo mundo faz, seus resultados serão iguais ao de todo mundo.

Aos 6 anos de idade, Warren Buffett já fazia negócios na sua cidade. Em seu primeiro empreendimento, ele comprava um engradado de Coca-Cola e vendia as garrafas pela vizinhança. A conta era simples: cada engradado era comprado do avô por 25 centavos de dólar, e cada garrafa era vendida por 5 centavos de dólar, um lucro de 5 centavos por engradado vendido.

Uma fortuna se faz centavo por centavo, e Buffett sabia disso desde cedo. Ignoramos muito a capacidade que pequenas ações somadas podem trazer em nossa vida. Muita gente acredita que basta fazer algo que resultados extraordinários virão da noite

para o dia. Vimos nas diversas histórias de pessoas, das mais diversas áreas, que esses resultados extraordinários são conquistados após anos de ação contínua em uma direção.

Com apenas 11 anos, Warren foi pela primeira vez à bolsa de valores, e lá começou os investimentos financeiros que o tornariam conhecido mundialmente. Nessa visita, ele comprou suas primeiras três ações. O desempenho inicial dessas ações foi negativo, mas Buffet manteve sua posição comprada. Quando o valor se recuperou, ele decidiu vendê-las. Havia pago 38 dólares por cada ação, e as vendeu por 40 dólares.

Apesar do lucro, essa operação ensinou muito sobre paciência para Buffett. Depois vendeu suas ações, o valor continuou a subir, chegando à casa dos 200 dólares. Aos 11 anos, Buffett consegui tirar um aprendizado do mercado de ações: empresas boas se valorizam com o passar dos anos. Ele viu que era possível

CARACTERÍSTICAS PARA VIVER O MÉTODO ARTE

enriquecer comprando boas empresas e esperando o tempo trabalhar ao seu favor.

Os anos se passaram e ele foi ganhando dinheiro com diversas iniciativas. Aos 13, entregava jornais. Aos 15, comprou uma fazenda com o dinheiro que havia acumulado e contratou um trabalhador para cuidar do local e colher os lucros vindos do plantio.

Seu pai exigiu que fizesse faculdade, apesar desse não ser seu objetivo pessoal. Mesmo a contragosto, terminou sua primeira graduação em apenas três anos, tornando-se bacharel em Administração. Depois disso, tentou Harvard e não foi aceito. Então, na busca por bons cursos na área econômica, se deparou com a Universidade de Columbia, e dois professores que já conhecia: Benjamin Graham e David Dodd.

Os dois eram autores de livros que havia lido na infância, no escritório de investimentos do pai. Foi assim que Buffett escolheu aonde iria: estaria perto dos professores que haviam sido seus tutores.

Warren Buffett afirma que Graham foi sua grande influência em termos de investimentos, e que, fora seu próprio pai, Benjamin foi a pessoa que mais o inspirou. Aqui presenciamos o impacto de um mentor na busca pela excelência. No quarto passo, quando falamos sobre o Esmero, um dos caminhos é buscar e se espelhar em pessoas que tenham atitudes assertivas na área em que buscamos sucesso.

Durante toda a vida, Warren Buffett viveu de forma regrada, sem esbanjar com gastos supérfluos. Vive na mesma casa que comprou por 31 mil dólares em 1958. Seu patrimônio bilionário é alocado nas ações de sua companhia, vivendo com um salário de executivo, que em 2015 foi de 500 mil dólares, menor do que grande parte dos executivos de grandes empresas norte-americanas.

A busca pela excelência é vista na forma como Warren conduz seus negócios. Ele tem

DO MÉTODO AO MÉRITO

acesso às mesmas informações que os outros investidores, mas consegue gerar resultados muito acima dos demais.

Se, na década de 1970, quando Warren assumiu o controle da Berkshire Hathaway, as ações da empresa valiam 11 dólares, em janeiro de 2020, cada ação de classe A chegou a ser negocia por 340 mil dólares.

Buffet não divide os lotes de suas ações, possibilitando que mais compradores tenham acesso, porque procura sócios, não pessoas que querem especular o preço e ganhar dinheiro com isso. Ele não quer acionistas que pensam que vão ganhar dinheiro rápido, pois não vão, como declarou.

A própria fortuna de Warren Buffett não foi feita do dia para a noite. De todo o patrimônio que acumulou, 99% foi conquistado após seus 50 anos. Mas isso foi possível porque sempre manteve o foco em seus objetivos financeiros. Sempre foi competitivo para conseguir resultados melhores que a maioria. Sempre leu muito.

Buffett completou 90 anos em 2020 e continua à frente da diretoria de sua empresa. Continua vivendo de forma simples, e grande parte de sua fortuna será doada para a caridade. O patrimônio que construiu vai retornar à sociedade ajudando a construir um mundo melhor. Mais do que os resultados que conseguiu no mercado financeiro, seus resultados podem ajudar a salvar vidas.

Esse legado em ajudar ao próximo é maior que o legado econômico. No futuro não lembraremos quem foi o homem/mulher mais rico, e, sim, aqueles que mais contribuíram na construção de um mundo mais digno e justo. "O risco vem de não saber o que você está fazendo."

WARREN BUFFETT ■

CAPÍTULO 12

Defina a sua história

> "Seja a mudança que você quer ver no mundo."
>
> GANDHI

Até este ponto, foram-lhe apresentados comportamentos, modelos de pensamentos e quatro pilares para você construir excelência na sua vida, a metodologia ARTE. Estamos nos aproximando do final do livro e do início da construção de um novo patamar em sua vida. Trabalhe, construa e melhore continuamente. Vigie os comportamentos vigaristas que vão aparecer.

Cada vez que algo não estiver saindo como o planejado, estude com calma o que está sendo feito, encontre as falhas e onde pode ser melhorado. A melhoria pode ser em um comportamento vigarista, em uma forma errada de pensar ou mesmo no abandono do método. Com o passar dos anos, nossas prioridades mudam — esse é outro ponto importante a se ter em mente. Em seis meses, muitas coisas podem acontecer na vida, e esses acontecimentos podem alterar nossa lista de prioridades, então, tenha sempre à mão a Roda da Vida e não hesite em refazer com frequência seu nível de satisfação nas determinadas áreas.

Em algum momento você pode ter colocado seu foco e atenção para alcançar um alvo em alguma área específica, mas não mediu os "impactos orgânicos" dessa decisão. E, ao conquistar o que planejou, pode ter afetado outras áreas que atualmente geram insatisfação e você não entende por que está infeliz, já que chegou ao resultado esperado.

DO MÉTODO AO MÉRITO

O programa aqui apresentado não serve para deixá-lo enfaixado nas tomadas de curso e direção; ao contrário, toda a metodologia aqui apresentada é um importante apoio nos degraus futuros da sua escalada. O Método possibilita mudar de rumo se necessário, mas não mudar sem saber por onde começar ou onde se encontram os problemas. Mudar a partir de uma estratégia que gere empoderamento nas suas decisões. Não é possível escrever as próximas páginas da vida sem chamar para si essa responsabilidade.

Os dois primeiros passos do Método ARTE tratam disso. Defina seu destino com o "Alvo", onde está seu coração; ali está também sua felicidade, e ninguém pode ser feliz por você; então, assuma a responsabilidade para chegar ao seu alvo. Feitos os dois primeiros passos, vamos em busca da alegria no trabalho. Trabalhar com alegria não trata de não ter desafios na vida, trabalhar com alegria é saber que a cada dia você pode se levantar para fazer algo em que enxerga um propósito, algo pelo que acredita e que vale a pena lutar.

No século XX, temos alguns exemplos como Gandhi, Madre Teresa de Calcutá, Nelson Mandela; eles não tiveram um trabalho sem desafios, pelo contrário, as mudanças e melhorias que tentaram fazer iam contra toda uma forma de governar. Quanto maior o desafio, maior se torna a pessoa que conseguiu completá-lo. Ninguém é excelente porque fez o comum. A excelência é uma sala pouco visitada, é a sala onde Davis enfrentam Golias.

O que faz a grandeza de um homem é o tamanho dos desafios que ele enfrentou e superou.

Se busca a excelência em algo na vida, é imprescindível a capacidade de aprender a sonhar grande, imaginar que as coisas podem ser melhores e que há sempre uma forma de melhorar um pouco mais o que já está bem-feito. E, com essa visão de excelência, dia após dia, ir construindo seu caminho através do trabalho e do esmero pelo que já foi realizado.

A sua jornada em busca da excelência começou assim que você nasceu, você foi educado e instruído por pais, familiares, professores, amigos e pela vida, que, através do tempo, nos transmite importantes lições que não ouvimos quando são dadas pelos lábios de outras pessoas.

DEFINA A SUA HISTÓRIA

Essa jornada não termina em nenhuma fase da vida. O grande desafio que temos é fazer com que no dia de hoje sejamos um pouco melhores do que fomos no dia de ontem e, amanhã, que alcancemos um resultado um pouco melhor do que conquistaremos no dia de hoje. Essa é uma grande jornada e um grande desafio. Em nenhuma fase da vida deixamos de aprender, porém, podemos nos esquecer disso e achar que já não temos mais nada a aprender.

Um adolescente pode achar que os pais não têm nada a ensinar; os pais podem achar que não têm nada a aprender com os filhos; um profissional com longa experiência pode achar que um novato não tem nada a ensiná-lo; um novato pode descartar opiniões de profissionais mais antigos porque as considera desatualizadas. E, assim, cercados por inúmeros preconceitos de aprendizagem, bloqueamos a estrada da excelência que se abre à nossa frente. Ouvir, refletir e analisar cada opinião que recebemos com inteligência, sem descartar antes de conhecer.

Humildade é uma característica dos grandes. Cada pessoa que conhecemos nos serve como instrutora. Não perca a oportunidade de aprender algo com cada uma e também de dividir o que foi aprendido com os demais.

Não importa qual é a distância que você está do seu alvo, se estiver caminhando ou parou no caminho por alguma razão. O que importa é o que você fará a partir de agora. Seu caminho até o presente já foi construído; agora é preciso começar a construção para o caminho que o leva ao futuro. A construção de todo futuro começa no presente. Não espere, não procrastine, não permita que lhe falte esperança nessa construção.

Comece hoje com o que você sabe e com o que tem. Com o tempo de aprendizado, mais ensinamentos e recursos serão acumulados, permitindo, assim, chegar cada vez um pouco mais longe. E daqui a muitos anos, quando olhar para trás e ver toda a estrada percorrida, você vai se recordar do momento em que decidiu dar o seu primeiro passo.

O primeiro passo é onde começa cada caminhada. Inicie, caminhe, faça o que sabe que pode fazer no dia de hoje e, aos poucos, a estrada se abrirá à sua frente e, quando vir algo pela estrada que lhe pareça grande demais, é apenas uma questão de perspectiva. Assim que você superar o desafio, ele vai ficar no passado e diminuirá de tamanho conforme você avança.

163

DO MÉTODO AO MÉRITO

NELSON MANDELA

De sucessor a líder tribal a presidiário; de presidiário a presidente da república. Vamos falar de Nelson Mandela, o terceiro Prêmio Nobel da Paz de que falamos neste livro. O legado dos que lutam por um mundo mais justo, livre de preconceitos e discriminação serve como um impulso histórico na jornada da humanidade para a construção de um mundo melhor.

Durante o século XX, a humanidade presenciou tristes momentos, em que a separação gerada por crenças infundadas causou a morte de milhões de pessoas. Momentos que precisam ser relembrados e conscientizados para que nunca mais se repitam.

O pensamento humano evoluiu nas últimas décadas, mas, mesmo assim, diversas ideias abomináveis de segregação ainda surgem na sociedade. Sempre é necessário relembrar que somos todos seres humanos. Cor da pele, crença religiosa, orientação sexual, preferência partidária, nacionalidade, não são coisas mais importantes que uma vida humana. Aquilo que nos une, nossa humanidade, é maior do que qualquer coisa que nos separa.

No último século, pensamentos segregacionistas como o nazismo, na Alemanha, o apartheid, na África do Sul, estiveram no comando de governos. Mas essas não foram as únicas linhas de pensamento segregador do século XX. Nos EUA, para citar um exemplo, só foram aprovadas leis contra a segregação racial na década de 1960. Em termos históricos, seis

DEFINA A SUA HISTÓRIA

décadas que separam o pensamento segregador de uma visão mais esclarecida do mundo que temos hoje é muito pouco.

Pela curta conquista histórica que temos em relação aos direitos humanos, devemos estar atentos, toda a humanidade, e não apenas um grupo, para que esses direitos não sejam violados no futuro; como vemos hoje grupos neonazistas surgindo em diferentes locais do mundo.

Um importante nome na luta por direitos iguais entre brancos e negros na África do Sul foi Nelson Mandela. Nascido em 1918, filho de um líder tribal, tinha na vida o caminho livre para sentar-se em um palácio, enquanto grande parte da população negra na África do Sul sofria com a opressão do controle branco no país.

O governo inglês enxergava a importância de ter o apoio dos líderes tribais da região para se manter no poder, por isso, os filhos dessas lideranças tinham acesso a uma educação

melhor que os outros. Durante o processo educacional, eles aprendiam principalmente sobre a cultura inglesa.

Como existiam várias tribos sul-africanas e nem sempre a relação entre elas foi boa, o governo aproveitava-se da divisão entre o próprio povo natural da região para manter seu domínio sobre o território.

Foi em uma escola inglesa, aos 7 anos de idade, que Rolihiahia se tornou Nelson, batizado por uma professora inglesa, como era de costume trazer nomes ingleses para as crianças que frequentavam a escola.

Como filho da nobreza africana, teve oportunidade de ir para a universidade, a primeira para negros na África do Sul, onde ingressou para estudar Direito. Foi expulso por se envolver em um protesto estudantil que pedia igualdade racial.

Fui durante seu período na universidade que conheceu membros de outras tribos e começou a compreender a importância de lutarem juntos

DO MÉTODO AO MÉRITO

contra o governo opressor de branco.

Um povo dividido é mais fácil de ser dominado. Essa estratégia de dominação é usada há séculos; por isso, a importância de uma nação sempre olhar para o que é melhor para o povo como um todo, não o que é melhor para um grupo específico. Atitude de excelência é compreender como uma ação vai ajudar o máximo de pessoas possível, não ajudar um grupo em detrimento de outro.

Agir com excelência é pensar de forma ecológica. É se questionar: Qual o impacto da minha ação nas pessoas à minha volta? Qual o impacto da minha ação na sociedade? Se outras pessoas repetirem o que eu faço, o mundo será um lugar melhor para se viver?

Após sua expulsão da universidade, aos 22 anos, Mandela se recusou a aceitar um casamento arranjado e tornar-se líder da sua tribo. Naquele momento, ele começou a escrever uma nova história para sua vida e

para a humanidade, com seu exemplo de luta.

Em Joanesburgo, se deparou com a segregação racial imposta pelos brancos. Mesmo após a África do Sul tornar-se independente da Inglaterra, em 1931, nada havia melhorado para os povos locais.

O governo de brancos instaurado no país controlava grande parte das terras, destinando os melhores lugares de moradia aos brancos e colocando os negros nas regiões periféricas da cidade.

A segregação racial só piorou quando o Partido Nacional assumiu o governo em 1948. Os brancos possuíam grande parte das terras, enquanto 80% da população, composta por negros, tinham disponíveis apenas 8% do território, sempre em áreas da periferia das cidades, enquanto os brancos viviam em condições semelhantes a de países ricos.

A segregação se estendia ao voto, impedindo que os negros elegessem representantes para lutar pelos

DEFINA A SUA HISTÓRIA

seus direitos. Privilegiava acesso à educação, formando brancos e negros de forma diferente. Assim, com a educação comprometida, os negros não tinham acesso às melhores oportunidades de trabalho, tendo também restrições em seus ganhos financeiros ao conseguirem se colocar apenas em trabalhos braçais.

A militância política de Mandela iniciou-se em 1944, quando, junto com Walter Sisulu e Oliver Tambo, fundou a liga jovem do Congresso Nacional Africano, conhecida como CNA. Durante anos atuou à frente da CNA, fazendo o movimento crescer em toda a África.

Incentivava a desobediência civil por parte da população negra na busca de conseguir conquistar melhores direitos aos negros. As iniciativas eram reprimidas com força pela polícia, causando mortes dos manifestantes, e não gerando os resultados esperados.

No começo da década de 1960, Mandela fez viagens para fora da África do Sul em busca de apoio internacional contra o apartheid, movimento de segregação racial na África. Quando retornou, em 1962, foi preso, sendo condenado à prisão perpétua em 1964.

Mesmo na prisão, sua fama internacional continuou a crescer; enquanto na África do Sul, os movimentos populares também cresceram, chegando próximo a uma guerra civil na década de 1980.

Com pressão internacional e boicotes ao regime racista da África do Sul, o governo foi se enfraquecendo. Em 1988, quando Mandela completou 70 anos, um show foi organizado em Londres com diversos artistas e transmitido para o mundo todo com o lema "Mandela Livre".

Em 1990, finalmente Nelson Mandela foi liberado da prisão. Em 1994, foi eleito presidente da África do Sul, iniciando um governo sem segregação. Após quase 30 anos de prisão, Mandela teria razões emocionais para querer se vingar dos seus opositores. Querer um governo que

DO MÉTODO AO MÉRITO

privilegiasse a população negra.

Ele compreendia que não se paga o ódio com ódio. Que é preciso quebrar a corrente passada de geração por geração, construída por preconceitos infundados. Que todos somos seres humanos, prontos para dar e receber amor. Seus atos de excelência escreveram sua história e a história de um país a partir da década de 1990.

Nelson reverteu o ciclo de ódio e lutas por uma união de povos e raças. É possível colaborarmos uns com os outros e construirmos um mundo de mais excelência. Um mundo que seja acolhedor a todos. "Não poderás encontrar nenhuma paixão se te conformas com uma vida que é inferior àquela que és capaz de viver."

NELSON MANDELA ■

CAPÍTULO 13

Faça já

> "Alguém está sentado na sombra hoje porque alguém plantou uma árvore há muito tempo."
>
> WARREN BUFFETT

Chegamos ao último capítulo deste livro sobre excelência. Ao concluir esta leitura, espero que seu alvo esteja definido e sua meta seja chegar ao resultado esperado. Mas sei também que nesse caminho você vai enfrentar a procrastinação e os medos para seguir em frente; por isso, vou dedicar o último espaço deste livro para abordar quatro grandes medos da humanidade, que podem impedi-lo de construir um resultado diferente daquele que você já obteve até o momento.

MEDO DO ABANDONO

Medo do abandono ou medo da rejeição é aquele sentimento que vem quando se quer seguir um caminho, porém, tem receio de segui-lo sem nenhum apoio. Nessas horas, muitas pessoas abandonam suas metas e escolhas temendo reprovação social. Como seres humanos, somos seres sociais e, de acordo com Maslow, a necessidade de se sentir parte de um grupo, de receber aprovação social é a terceira necessidade que um ser humano busca atender.

A primeira coisa que ele procura é atender às necessidades básicas, como alimentação; em seguida, busca pôr-se em segurança, por isso mui-

DO MÉTODO AO MÉRITO

ta gente teme empreender algo novo e perder a segurança adquirida; e depois vem a necessidade social, que é aquela necessidade de sentir que faz parte de um grupo, que tem pessoas para compartilhar as ideias, os sentimentos e experiências.

A quarta necessidade é a autoestima. Aí vem a necessidade de se sentir bem consigo mesmo. Muitas estratégias de marketing surgem com base nessa necessidade; por isso, as pessoas estão dispostas a pagar caro por um restaurante de luxo; elas não buscam atender à necessidade básica de alimentação, buscam atender à autoestima de comer uma boa comida em um lugar chique.

A quinta necessidade humana, de acordo com Maslow, é a autorrealização, e aqueles que chegaram a esse nível sentem-se completos. É nele que as pessoas desenvolvem suas plenas capacidades, é o estado de excelência do ser.

O medo do abandono pode manter você preso ao terceiro nível da pirâmide de necessidades, impedindo que caminhe em direção a todo o seu potencial de autorrealização e, assim, felicidade.

Contra o medo do abandono, recorde que nunca estamos sozinhos, e as pessoas certas surgem assim que começamos a caminhar para uma direção. As pessoas que nos amam não nos abandonam por nossas escolhas, desde que estas sejam éticas e boas. Mas também faz parte de um processo que uma mudança de direção lhe traga pessoas novas para o convívio, o que não significa que as pessoas antigas vão abandoná-lo, assim como você também não tem razão para abandoná-las.

Se, durante sua jornada do ponto A até o ponto B, você sentir em algum momento a sensação de medo do abandono, considere que você está fazendo uma transição. Imagine que existem duas estradas paralelas separadas por um campo de grama verde. Você está caminhando por uma estrada e vê algumas pessoas nesse mesmo caminho. Essas pessoas são seus colegas de profissão, de estudos. Porém, você traçou como meta seguir a estrada que passa ao lado dessa; está ali seu alvo no momento.

Então você começa a sair da estrada, entra no campo verde e começa a caminhar; e, nesse momento, você percebe que não há ninguém à sua volta. Vem, então, o medo do abandono, a sensação de que é o único a fazer aquilo. Mas tudo isso não passa de uma interpretação proveniente do seu processo de transição. Você acabou de sair do caminho antigo. As-

170

sim que chegar à nova estrada, vai encontrar outras pessoas caminhando por ela. Algumas vão estar à frente no caminho, outras virão logo atrás. E essas pessoas caminharão junto com você ao longo dessa estrada, como colegas, amigos e professores.

MEDO DE PERDER

Temos a tendência ao apego das coisas que possuímos, e essa tendência pode ser um empecilho para conquistar novas coisas. "A mudança é permanente", já disse o filósofo Heráclito há 2.500 anos. Mesmo com a impermanência das coisas, ainda assim, não aceitamos ter perdas durante o caminho.

Devemos considerar que muitas perdas são necessárias e positivas para que possamos continuar em frente. Para toda construção, é necessária uma destruição, e o processo de destruição não é negativo, é natural dentro do ciclo de mudança. Essa destruição é o que abre espaço para se construir o novo, então, não tema destruir conceitos antigos para formar ideias melhores sobre como encarar a vida.

Para subir, é necessário abandonar o que não serve mais. Pense como um alpinista: você tem à sua frente o Everest, a montanha mais alta do mundo à sua espera. Para subir, você não pode levar tudo que gostaria, sua mochila ficaria muito pesada, atrasando seu avanço e prejudicando o grupo. Você precisa escolher entre seus pertences o que é realmente necessário na subida, e deixar as outras coisas de fora, afinal, está subindo o Everest; se tentar levar tudo, vai acabar acampado aos pés da montanha.

Na subida em busca da excelência, deixe para trás as crenças e os hábitos que já não são mais necessários. Tudo aquilo que pesa hoje nas suas costas, que lhe faz andar com lentidão. Deixe sua bagagem vazia de tudo que não é importante e preencha esse espaço com as boas experiências conseguidas pelo caminho, experiências que não pesam.

O medo de perder afeta até o que não nos faz bem. Quantas pessoas permanecem em um relacionamento que não é saudável por medo de não encontrar outra pessoa? Quantos continuam em empregos que não trazem alegria por medo de não conseguir outro? Abandone o que não lhe faz bem, sua recuperação começa por esse caminho.

DO MÉTODO AO MÉRITO

Sendo a impermanência uma constante em nossas vidas, o que precisamos aprender a fazer é aceitar que mudanças e perdas vêm; saber se preparar para elas e também promover as mudanças necessárias em nossa vida. O momento de transição pode até ser difícil, mas a construção pela qual você trabalha lhe trará melhores resultados. Desapegue-se das coisas que não lhe servem e abra espaço na mente, nos sentimentos e no tempo para conseguir construir um modo excelente de viver.

MEDO DE ENFRENTAR

Joseph Campbell reuniu estudos dos mais diversos mitos ao redor no mundo. Ele encontrou paralelos entre os mitos das mais variadas culturas, pontos em comum entre todos eles, e, a partir disso, definiu o que chamou de "monomito", conhecido também como "jornada do herói". Em uma passagem de seu livro, encontramos a frase "a caverna em que você tem medo de entrar guarda o tesouro que você procura".

Assim como o herói dos mitos contados ao longo da história humana, cada ser humano tem sua própria jornada do herói, e é isso que esses mitos estão procurando nos ensinar. Muitas vezes, simplesmente pensar no termo excelência já nos traz medo. "Como vou chegar a esse nível?"; "Isso não é para mim"; "Já tentei e não deu certo".

Medo de aceitar a missão que deveríamos aceitar, medo de viver toda a potencialidade que podemos. Parece mais fácil continuar no mundo comum do que sair para uma aventura em busca de nosso real potencial. Na verdade, não é nada fácil continuar vivendo abaixo de nossas potencialidades, continuar procrastinando em busca de uma melhoria efetiva para nós e para o serviço que entregamos aos outros.

Vamos passar por alguns pontos da jornada do herói descrita por Campbell e ver os principais paralelos com nossa vida em busca de uma excelência. O herói sempre está em um "lugar comum", ou seja, o protagonista nunca é alguém "especial" antes da jornada, alguém com superpoderes ou influência para fazer o que quiser; é alguém comum, vivendo uma vida comum. E então é dada a esse herói uma grande missão, um trabalho que parece muito maior do que o que ele pode realizar.

Nas histórias, alguns aceitam de primeira o trabalho; outros se negam a princípio, mas no final partem para fazer o que precisa ser feito. A história precisa do herói, e o herói precisa da história para se tornar quem está destinado a ser. Então, depois que aceita a tarefa, o protagonista passa por diversos desafios, muitos que parecem maiores do que ele, mas o herói não segue sozinho. No caminho, ele encontra mentores, alguns que o acompanham por toda a jornada, outros que aparecem em determinados momentos.

É como aquela hora em que você não sabe o que fazer e aonde ir, e aparece alguém com a solução que você buscava. Assim também acontece com o herói. Depois de vencidos os obstáculos, ele começa seu regresso para casa, mas o personagem que volta não é o mesmo que partiu, é alguém transformado, que descobriu como superar os desafios e agora volta para contar aos demais como fazer isso.

Assim como é na jornada do herói, a História espera por homens e mulheres com espírito heroico, que possam superar obstáculos e voltar para dizer aos outros como eles também podem fazer para superar suas dificuldades. Nenhum obstáculo que alguém enfrentar é maior do que o ser humano que o enfrenta. O Universo é justo, e nada que nos aconteça é maior do que nossa capacidade de superar. Use as pedras pelo caminho para construir uma escada que o leve cada vez mais alto.

MEDO DA MORTE

Apesar de a morte ser uma das certezas que temos como seres humanos, ainda assim é um dos medos que mais assombram a humanidade. O medo da morte de modo algum deveria bloquear nossas ações em direção ao nosso alvo. Se a morte é algo iminente, por que então demoramos tanto tempo para fazer aquilo que consideramos importante?

Talvez o grande medo que temos não seja da morte, mas o medo de chegar ao final da vida sem termos nos dedicado com propósito a alguma causa, e ter feito um pouco de diferença na vida de algumas pessoas. Quando o dia de nossa morte chegar, como queremos encarar esse momento?

Um dia não haverá mais tempo para procrastinar; um dia não haverá mais tempo para deixar para depois; um dia tudo que teremos da vida é o dia de hoje.

DO MÉTODO AO MÉRITO

Todo dia é depositado em nossa conta um saldo de 24 horas. Podemos gastá-lo como preferirmos, mas ele é descontado de alguma conta em que não sabemos ao certo quanto mais nos resta de saldo. É através desse saldo que nos é permitido construir algo neste mundo; é através desse saldo que podemos viver uma vida boa, que seremos elementos de soma ou subtração na vida dos outros.

Se houvesse um dono de todo esse tempo que nos foi emprestado ao longo de uma vida, como prestaríamos as contas? Que tipo de coisas podemos construir com o tempo que nos é dado que sejam mais valiosas do que o próprio tempo? Você troca um dia da sua vida pelo que faz hoje. Está fazendo algo que tenha todo esse valor?

Não tenha medo da morte, tenha medo de viver uma vida que não lhe faz sentido. Medo de ver os anos passarem sem encontrar o seu "porquê", sem se apaixonar pela vida, de querer fazer parte como um ser humano ativo na construção da História. Se a morte nos espera em algum momento, que possamos chegar a esse dia com vida, e não como zumbis levados apenas pela necessidade básica de comer. Permita que a vida aconteça através de você. Seja uma parte que trabalha para a melhoria contínua, e não deixe para amanhã; faça hoje tudo aquilo que puder ser feito para construir um amanhã melhor.

FAÇA JÁ

MOHANDAS GANDHI

Mohandas Gandhi não apenas é uma das personalidades mais conhecidas que trago nesta obra sobre excelência, é também uma das pessoas que influenciaram outras personalidades aqui faladas. O 14º Dalai Lama recebeu sua influência e também Nelson Mandela. Einstein disse sobre ele: "As gerações futuras terão dificuldade em acreditar que um homem como este realmente existiu e caminhou pela Terra."

Gandhi tinha várias situações contrárias à realização de seu objetivo de libertação do povo indiano. A tradição de castas na Índia, o domínio do império britânico, o preconceito racial. Porém, se nunca tivesse se comprometido com esse objetivo, seu caminho seria favorável, já que nasceu em uma família rica e se formou advogado na Inglaterra.

Nossos caminhos vão se formando de um modo curioso durante a vida. Provavelmente se não fosse sua formação de advogado, ele não teria tido a oportunidade de viajar e se deparar com os problemas que viu, abrindo, assim, sua consciência para a situação de seu povo. O que o levaria a deixar de ser advogado para ser um militante da não violência em prol da liberdade de sua nação.

Em 1888, Gandhi foi para Londres para estudar direito. Ao retornar à Índia, não encontrou emprego, mas surgiu uma oportunidade na África do Sul, que, assim como a Índia, também era colônia britânica na época.

DO MÉTODO AO MÉRITO

Durante o tempo que passou trabalhando na África do Sul, presenciou grande preconceito contra o povo indiano que ali vivia. A discriminação na África do Sul se estendia aos negros e muçulmanos e só foi abolida pelo governo anos mais tarde, com a eleição de Nelson Mandela.

Em Pretória, toda a formação de Gandhi não lhe valia nada contra o preconceito de sua origem. Mesmo assim, conseguiu intermediar a causa jurídica da empresa indiana que o contratara e venceu firmando um acordo.

Em seu retorno, leu uma notícia sobre uma lei para retirar os direitos de voto dos indianos. Começou então a lutar pelos direitos do povo indiano na África do Sul. Reuniu milhares de assinaturas contra a lei e fundou o Congresso Indiano de Natal para lutar pelos direitos de seu povo.

Quando deixou a África do Sul para buscar sua família na Índia, a imprensa começou a acusá-lo de querer tirar os direitos dos brancos, não de

alguém que estava defendendo os direitos dos hindus.

Em seu retorno, foi espancado e quase morto. Gandhi não prestou acusação contra seus acusadores. Viveu por quase 20 anos na África do Sul e ali incentivou o que seriam os atos de desobediência civil.

Seus protestos com base na desobediência civil ficaram cada vez maiores, e milhares de indianos chegaram a ser presos. Sua postura foi ganhando cada vez mais adeptos e apoio dentro da África. Em 1914, conseguiu um acordo para melhorar a situação dos indianos no país.

Em 1915, retornou à Índia. Sua fama havia crescido, e muitos esperavam que lutasse contra o Império Britânico dentro da Índia, assim como fez na África do Sul.

Em seu país, encontrou também preconceito, uma forma de classificação milenar que era utilizada na Índia sem ninguém contestar. A divisão da sociedade indiana se dava por quatro castas e uma divisão de excluídos.

FAÇA JÁ

A divisão por castas hindus era hereditária e criada a partir da crença religiosa. Dizia-se que da cabeça do deus Purusha surgiu a casta dos brâmanes, os sacerdotes e intelectuais. Dos braços, nasceram os xátrias, os guerreiros e políticos. Das pernas, nasceram os vaixás, os comerciantes — esta era a casta da família de Gandhi. Dos pés de Purusha, nasceram os sudras, que são os servos e operários. Por último, da poeira, nasceram os dalits, conhecidos como intocáveis, e deviam viver da mendigagem.

Gandhi percebeu que a divisão por castas era preconceituosa com os dalits. Era o mesmo tipo de preconceito que combateu na África do Sul. Assim, ele se opôs ao sistema de castas e começou a receber todos que o seguiam, o que incomodou muitos indianos.

Esse tipo de postura demonstra por que Gandhi foi chamado de Mahatma. Em sânscrito "mahatma" significa "de grande alma", título pelo qual Gandhi ficou conhecido mundialmente. Tomar uma

postura contra um sistema religioso secular e ser seguido por milhões de pessoas em seu país era se expor a um grande risco.

Os medos que listamos neste capítulo, todos Gandhi teve que enfrentar. Sua postura contrária ao sistema de castas poderia gerar o abandono, tanto familiar quanto das pessoas de seu país. Teve o abandono na profissão que havia estudado durante anos no exterior para abraçar outras causas em que acreditava.

O medo da perda, teve que enfrentar ao desistir de uma origem rica para viver de modo agrícola e simples. Também perdeu sua liberdade sendo preso. Das perdas que podemos sofrer, a liberdade é a maior delas. Ainda assim, vemos como a perda injusta da liberdade por essas pessoas de postura voltada à excelência é usada para o amadurecimento e firmeza de caráter.

Por vezes, temos medo de enfrentar algum de nossos medos. Às vezes temos medo de enfrentar uma postura injusta de alguém e, assim,

177

DO MÉTODO AO MÉRITO

permitimos que a injustiça seja feita. Gandhi teve que enfrentar um império inteiro.

Conheceu Nehru, o mesmo que viria depois a receber o 14º Dalai Lama em exílio na Índia, e junto propuseram uma greve geral neste país. A greve pacífica foi atacada pelo exército, e centenas ficaram mortos e feridos.

Nem a prisão, nem a violência do governo fez Gandhi desistir de sua luta e sua postura de não violência. Enfrentou o Governo Britânico em 1930 com uma marcha de 200 quilômetros, que reuniu milhares de pessoas para fabricar o próprio sal, em protesto à lei que proibia os hindus de fabricarem esse produto.

Venceu o medo da morte ao se colocar voluntariamente em greve de fome — seu primeiro jejum durou seis dias — e lutava contra o sistema eleitoral proposto pelo governo inglês na índia. Sua posição firme em manter o jejum gerou comoção em toda a índia, e o governo, pressionado e temendo sua morte e a repercussão que isso geraria, acatou seu pedido.

Em 1947, Gandhi conseguiu a independência da Índia. Nehru torna-se o primeiro-ministro e, anos depois, ajudou outro grande nome pela luta pacífica do século XX, Tenzin Gyatso.

Em 1948, Gandhi foi assassinado e, ao enfrentar a morte pela última vez, pediu que seu assassino fosse perdoado. "Viva como se fosse morrer amanhã. Aprenda como se fosse viver para sempre."

Mohandas "mahatma" Gandhi ■

Bônus leitor

Muito obrigado pela compra deste livro. Espero sinceramente que ele seja um guia em sua vida pela busca da excelência e melhoria contínua. Como uma forma de agradecimento a você pela confiança no meu trabalho, vou lhe dar **ACESSO GRATUITO** a um curso on-line desenvolvido com base no tema deste livro.

Para ter acesso ao curso, basta digitar o endereço abaixo no seu navegador ou fazer a leitura do QR code com seu celular. Após ser direcionado ao site, basta preencher o cadastro de acesso à plataforma de alunos. **Não será cobrado nenhum valor, e o link de acesso ao curso será enviado para seu e-mail após o cadastro.**

Cadastre aqui seu acesso: http://mon.net.br/n75mg

Ou leia o QR code abaixo:

Fontes

BRASIL, Buyandhold. O Preço da grandeza com Kobe Bryant (legendado Português). YouTube, 2020. Disponível em: <https://www.youtube.com/watch?v=ukF7XJshRwg&t=402s>. Acesso em: 27/04/2020.

BRASIL, Buyandhold. Sem plano B, com Arnold Schwarzenegger (legendado). YouTube, 2020. Disponível em: <https://www.youtube.com/watch?v=dcY0w9vucVc>. Acesso em: 28/04/2020.

NOSTALGIA. Albert Einstein - Canal Nostalgia. YouTube, 2020. Disponível em: <https://www.youtube.com/results?search_query=einstein+biografia>. Acesso em: 29/04/2020.

CIENCIA, documentários. Biografia: Charles Darwin. YouTube, 2020. Disponível em: <https://www.youtube.com/watch?v=1qltP3RhYBc>. Acesso em: 30/04/2020.

EMPREENDEDOR, *passo a passo. A Biografia comentada de Jorge Paulo* Lemann. YouTube, 2020. Disponível em: <https://www.youtube.com/watch?v=a5s9SSCqmcU>. Acesso em: 01/05/2020.

NOSTALGIA. Ayrton Senna - Nostalgia. YouTube, 2020. Disponível em: <https://www.youtube.com/watch?v=mSPdttd3OQA&t=3443s>. Acesso em: 02/05/2020.

CAST, Resumo. Episódio 120 | Leonardo da Vinci. YouTube, 2020. Disponível em: <https://www.youtube.com/watch?v=ySNrZddDPA4>. Acesso em: 04/05/2020.

ANTIGOS, Objetos. Saiba quem foi madre Tereza de Calcutá - Personalidades Antigas - Canal Objetos Antigos. YouTube, 2020. Disponível em: <https://www.youtube.com/watch?v=0OEDxt4-RnA&t=489s>. Acesso em: 05/05/2020.

MENDONA, José Carlos. O Divino Michelangelo (legendado). YouTube, 2020. Disponível em: <https://www.youtube.com/watch?v=JtgdTKkLGyU&t=2379s>. Acesso em: 06/05/2020.

NEGOCIOS, Jovens de. A incrível vida de Warren Buffet | Histórias de Sucesso #01. YouTube, 2020. Disponível em: <https://www.youtube.com/watch?v=2aDySEqiy0o>. Acesso em: 07/05/2020.

REVISAO. Nelson Mandela – Apartheid, Racismo e um longo caminho para a liberdade|História. YouTube, 2020. Disponível em: <https://www.youtube.com/watch?v=UvrIdiPj0PY>. Acesso em: 08/05/2020.

REVISAO. MAHATMA GANDHI - Uma jornada pela liberdade |História. YouTube, 2020. Disponível em: <https://www.youtube.com/watch?v=DUFmKAanr2E>. Acesso em: 09/05/2020.

LOZADA, Geovanny Caicedo - Biografía Dalai Lama. YouTube, 2020. Disponível em: <https://www.youtube.com/watch?v=KMQ_1GXsYmg>. Acesso em: 11/05/2020.

KOBE BRYANT. Wikipédia, 2020. Disponível em<https://pt.wikipedia.org/wiki/Kobe_Bryant>. Acesso em: 27/04/2020.

ARNOLD SCHWARZENEGGER. Wikipédia, 2020. Disponível em<https://pt.wikipedia.org/wiki/Arnold_Schwarzenegger>. Acesso em: 28/04/2020.

ELKINS, Kathleen. The way Arnold Schwarzenegger made his first million had nothing to do with acting. Cnbc.com, 2020. Disponível em: <https://www.cnbc.com/2017/02/06/the-way-arnold-schwarzenegger-made-his--first-million.html>. Acesso em: 28/04/2020.

FONTES

CHARLES DARWIN. Wikipédia, 2020. Disponível em<https://pt.wikipedia.org/wiki/Charles_Darwin>. Acesso em: 30/04/2020.

JORGE PAULO LEMANN. Wikipédia, 2020. Disponível em<https://pt.wikipedia.org/wiki/Jorge_Paulo_Lemann>. Acesso em: 01/05/2020.

OSCAR, Naiana. "Jorge Paulo Lemann: conheça a trajetória do bilionário dos resultados". Seudinheiro.com, 2020. Disponível em: <https://www.seudinheiro.com/2019/jorge-paulo-lemann/jorge-paulo-lemann-bilionario/>. Acesso em: 01/05/2020.

AYRTON SENNA. Wikipédia, 2020. Disponível em<https://pt.wikipedia.org/wiki/Ayrton_Senna>. Acesso em: 02/05/2020.

LEONARDO DA VINCI. Wikipédia, 2020. Disponível em<https://pt.wikipedia.org/wiki/Leonardo_da_Vinci>. Acesso em: 04/05/2020.

DALAI LAMA. Wikipédia, 2020. Disponível em<https://pt.wikipedia.org/wiki/Dalai-lama>. Acesso em: 11/05/2020.

TENZIN GYATSO. Wikipédia, 2020. Disponível em<https://pt.wikipedia.org/wiki/Tenzin_Gyatso>. Acesso em: 11/05/2020.

MADRE TERESA DE CALCUTÁ. Wikipédia, 2020. Disponível em<https://pt.wikipedia.org/wiki/Madre_Teresa_de_Calcut%C3%A1>. Acesso em: 05/05/2020.

MICHELANGELO. Wikipédia, 2020. Disponível em<https://pt.wikipedia.org/wiki/Michelangelo>. Acesso em: 06/05/2020.

DAVI (MICHELANGELO). Wikipédia, 2020. Disponível em<https://pt.wikipedia.org/wiki/David_(Michelangelo)>. Acesso em: 06/05/2020.

WARREN BUFFETT. Wikipédia, 2020. Disponível em<https://pt.wikipedia.org/wiki/Warren_Buffett>. Acesso em: 07/05/2020.

NELSON MANDELA. Ebiografia.com, 2020. Disponível em<https://www.ebiografia.com/nelson_mandela/>. Acesso em: 08/05/2020.

DO MÉTODO AO MÉRITO

NELSON MANDELA. Wikipédia, 2020. Disponível em<https://pt.wikipedia.org/wiki/Nelson_Mandela>. Acesso em: 08/05/2020.

MAHATMA GANDHI. Wikipédia, 2020. Disponível em<https://pt.wikipedia.org/wiki/Mahatma_Gandhi>. Acesso em: 09/05/2020.

EFEITO DUNNING-KRUGER. Wikipédia, 2020. Disponível em<https://pt.wikipedia.org/wiki/Efeito_Dunning-Kruger>. Acesso em: 09/05/2020.

NETTO, Arthur Prado. *Lócus de Controle e Obesidade: Comparação entre as diferentes escalas psicométricas.* 2019.

KRUGER, Justin; DUNNING, David (1999). «Unskilled and Unaware of It: How Difficulties in Recognizing One's Own Incompetence Lead to Inflated Self-Assessments». Journal of Personality and Social Psychology. Disponível em <http://citeseerx.ist.psu.edu/viewdoc/download?doi=10.1.1.64.2655&rep=rep1&type=pdf> Acesso em: 06/05/2020.

DOERR, John. *Avalie o que importa: Como Google, Bono Vox e a Fundação Gates sacudiram o mundo com as OKR's.* Rio de Janeiro. 2019.

Índice

A

Ações concretas 70–74

Alinhamento 67–71

  energia mental 68–71

Amplificador de potencialidade 82–86

Autoconhecimento 57–61

Autodisciplina 112–116

Autorresponsabilidade 110–115

B

Barganhas 68–72

comportamentos viciosos 68–72

negativas 68–71

negociação "perde-perde" 68–71

Benchmark 75–76

Busca pela excelência 54–59, 69–72

  disciplina 73–76

  forma de aprendizado 75–76

C

Ciclo de Aprendizagem 138–143

Ciclo PDCL 144–148

Círculo de influência 34–38

ÍNDICE

Clareza da visão
39–42, 70–74

Comportamento
vigarista 54–58,
161–165

 crenças limitantes
 80–84

Crenças limitantes
81–85

Cultura da
mediocridade 35–40

D

Definição de alvo
89–93

Desempenho no
trabalho 97–101

Desenvolvimento
profissional 44–49

Domínio emocional
140–144

E

Efeito Dunning-Kruger
149–150

Emoções viciadas
70–74

Esmero 151–155

Excelência
Profissional 49–52

Exercícios de
imaginação 127–132

F

Feedbacks 142–146

Foco pelos resultados
75–76

Formação 44–49

 fase da carreira
 44–48

Fracassos 40–42

 medo do fracasso
 41–42

G

Gerar valor 37–41

Gestão de pessoas
140–144

Grau de satisfação
98–102

H

Habilidades técnicas
92–96

Humildade 163–167

 preconceitos de
 aprendizagem
 163–165

I

Imagem mental do alvo 127–132

Impactos orgânicos 161–165

Indicador de metas pessoais 127–132

Índice percentual 129–133

J

Jornada do herói 172–176

   monomito 172

L

Legado deixado 35–40

Liderança 140–144

Locus de Controle 111–115

   Julian Rotter 111–113

   locus de controle externo 111–113

   locus de controle interno 112–114

Longo prazo 153–157

M

Média salarial 36–40

   ponto de comparação 36–40

Melhoria contínua 143–147

Mentalidade correta 80–84

   mentalidade campeã 80–84

Método ARTE 54–58

Mito de Orfeu e Eurídice 99–103

Modelos de pensamentos 161–165

N

Negociação 140–144

Networking 124–128

Níveis de conhecimento 43–47

   ignorância 43–48

Nível de satisfação 161–165

O

Ócio produtivo 93–97

Ônus e bônus 100–104

ÍNDICE

Opções de escolha
99–103

Barry Schwartz 99

paralisia emocional e
mental 99–101

Oratória 140–144

P

Paradoxo da escolha
99–103

Planejamento
estratégico 118–122

Plano de ação
124–129

Platô 23–28, 34–38,
78–80

"platô de quem é
muito bom em algo"
137–141

Postura mental
positiva 77–81

Preço vs. valor 36–40

Processo de
aprendizagem
138–143

Consciente
Competente
138–140

Consciente
Incompetente
138–140

Inconsciente
Incompetente
139–141

Inconscientes
Competentes
138–140

Processo de
influenciar 34–39

Prototipagem de
carreira 100–104

Q

Qualidade de Vida
90–94

R

Rede de
relacionamentos
95–99

Relacionamento
familiar 95–99

Roda da vida 91–95

S

Síndrome do tabuleiro
de xadrez 141

SWOT 120–124

T

Ter um alvo 40–42

Tomada de decisão
141–145

DO MÉTODO AO MÉRITO

Traçar sua rota de
ação 120–125

Transição profissional
100–104

U

Unir metas 128–132

V

Vida profissional
94–98

Viés positivo 99–103

Visão holística
140–144

Vitimismo 109–113

Viver o alvo 99–103

Projetos corporativos e edições personalizadas dentro da sua estratégia de negócio. Já pensou nisso?

Coordenação de Eventos
Viviane Paiva
viviane@altabooks.com.br

Assistente Comercial
Fillipe Amorim
vendas.corporativas@altabooks.com.br

A Alta Books tem criado experiências incríveis no meio corporativo. Com a crescente implementação da educação corporativa nas empresas, o livro entra como uma importante fonte de conhecimento. Com atendimento personalizado, conseguimos identificar as principais necessidades, e criar uma seleção de livros que podem ser utilizados de diversas maneiras, como por exemplo, para fortalecer relacionamento com suas equipes/ seus clientes. Você já utilizou o livro para alguma ação estratégica na sua empresa?

Entre em contato com nosso time para entender melhor as possibilidades de personalização e incentivo ao desenvolvimento pessoal e profissional.

PUBLIQUE
SEU LIVRO

Publique seu livro com a Alta Books. Para mais informações envie um e-mail para: autoria@altabooks.com.br

 /altabooks   /alta-books   /altabooks   /altabooks

CONHEÇA OUTROS LIVROS DA **ALTA BOOKS**

Todas as imagens são meramente ilustrativas.

Este livro foi impresso nas oficinas gráficas da Editora Vozes Ltda.,
Rua Frei Luís, 100 – Petrópolis, RJ.